W0297682

L'Art d'accommoder les mères

Geneviève Delaisi de Parseval

L'Art d'accommoder les mères

Préface du Pr Jacques André

Odile Jacob

© Odile Jacob, octobre 2025
3, rue Auguste-Comte, 75006 Paris

www.odilejacob.fr

ISBN : 978-2-4150-1350-9

Le Code de la propriété intellectuelle n'autorisant, aux termes de l'article L. 122-5, 2° et 3°a, d'une part, que les « copies ou reproductions strictement réservées à l'usage privé du copiste et non destinées à une utilisation collective » et, d'autre part, que les analyses et les courtes citations dans un but d'exemple et d'illustration, « toute représentation ou reproduction intégrale ou partielle faite sans le consentement de l'auteur ou de ses ayants droit ou ayants cause est illicite » (art. L. 122-4). Cette représentation ou reproduction, par quelque procédé que ce soit, constituerait donc une contrefaçon sanctionnée par les articles L. 335-2 et suivants du Code de la propriété intellectuelle.

Je dédie ce livre à tous ceux, parents,
mères porteuses, jeunes adultes,
patients qui m'ont fait confiance
et m'ont permis de parler d'eux.

SOMMAIRE

Préface 11
Prologue 19
Introduction 23

Chapitre 1. La GPA dans tous ses états 51
Chapitre 2. Analyse des résistances : la GPA et l'argent 143
Chapitre 3. Pour une autre histoire de la maternité 155
Conclusion. La nouvelle maternité : une révolution anthropologique majeure 171

Remerciements 183

PRÉFACE

Pr Jacques André

Allongée sur le divan, Alice caresse son ventre enceint de sept mois et s'adresse sur un ton moqueur à celui qui l'écoute, à la fois homme et psychanalyste : « La femme a avec l'espèce un lien que l'homme n'a pas ! »

À sa manière, Alice reprend à son compte le partage convenu entre nature et culture. Parce que son ventre engendre l'enfant et que ses seins le nourrissent, la femme-mère est aussi mammifère que *certissime.* Quand l'homme, lui, ne doit d'être père qu'à un acte culturel de double reconnaissance qui fait du nouveau-né son enfant et l'institue comme père.

Sauf que nulle filiation n'échappe à l'inscription culturelle. La mère n'y fait pas exception, au point qu'il est possible d'être mère sans rien devoir à la nature. Le geste de l'adoption en est la plus simple illustration. Un geste qui suit le plus souvent un abandon par la mère biologique. Un abandon ou un don : la pratique ancestrale de « l'enfant donné » en Guadeloupe n'a pas disparu, même si elle est devenue moins fréquente, quand une femme *donne* l'enfant qu'elle vient de mettre au monde à une parente ou une proche, le plus souvent infertile. « Mère » est une appellation dans un système de parenté ; l'expression « mère-biologique » est un attelage approximatif qui confond nature et culture.

Si le livre de Geneviève Delaisi de Parseval fait la part belle à l'anthropologie, c'est que celle-ci « révèle que ce que nous considérons comme “naturel”, fondé sur “l'ordre des choses”, se réduit à des contraintes et à des habitudes mentales propres à notre culture. Elle nous aide donc à nous débarrasser de nos œillères, à comprendre comment et pourquoi d'autres sociétés peuvent tenir pour simples et allant de soi des usages qui, à nous, paraissent inconcevables ou même scandaleux. » Ces mots de Lévi-Strauss sont la meilleure introduction qui soit à une réflexion sur la « grossesse pour autrui ». En rester au *scandale* revient toujours à se soumettre à l'interdit de penser.

Être une femme porteuse d'un fœtus, d'un enfant qui, passé l'accouchement, sera remis à ses parents de droit, est un geste altruiste aujourd'hui légitime dans nombre de pays. Les lois varient mais toutes sont attentives à une double précaution : il faut déjà être mère d'un enfant pour être autorisée à en porter un pour autrui. Ensuite le dédommagement financier pour les frais entraînés par ces neuf mois de vie enceinte est précisé-limité par le texte de loi. Ces deux précautions ont un même but, celui d'interdire une exploitation de la détresse et de la pauvreté.

La nouveauté anthropologique est encore accentuée lorsque le couple des parents auquel l'enfant est donné est celui de deux hommes. La légitimation des unions homosexuelles est à bien des égards un changement anthropologique plus inédit que « l'enfant donné ».

L'heure n'est pas seulement anthropologique, elle est indissociablement scientifique. Médecin de « l'Âge classique », Ambroise Paré imaginait qu'il n'est de plus « bel enfant » que celui engendré par la coïncidence des orgasmes de l'homme et de la femme au moment du coït fécondant. Qu'en est-il de la rencontre d'un ovocyte et d'un spermatozoïde dans une éprouvette, toute jouissance mise à part ? L'enfant en sera-t-il moins « bel » ? Sa santé, notamment psychique, s'en trouvera-t-elle moins épanouie ? Cette fois le psychanalyste peut dire son mot, celui de l'expérience sinon du savoir assuré. Personne ne saurait dire le dernier mot de ce que santé psychique veut dire, il n'empêche : la qualité de l'attachement et des soins, l'amour dont l'enfant est l'objet, l'autonomie que l'éducation lui accorde progressivement sont de plus sûrs composants de ladite santé que l'acmé du plaisir sexuel à l'heure du coït décisif.

Les développements scientifiques de la médecine font qu'il n'est pas une étape du processus d'engendrement mammifère qui échappe à la technique, depuis le don de gamètes jusqu'au biberon en passant par la fécondation *in vitro*, le transfert d'embryon, l'accouchement par césarienne. Reste la grossesse, à ce jour irremplaçable… mais c'est en attendant l'utérus artificiel.

La procréation assistée peut rester circonscrite à une fécondation *in vitro*, les seuls intervenants extérieurs au couple des parents étant les médecins/techniciens. L'expérience humaine se complique lorsque le processus de fécondation-gestation convoque d'autres partenaires : donneur de gamètes (anonyme ou non), donneuse de grossesse, adoption d'un enfant abandonné (« sous X » ou d'origine connue). C'est au Danemark que Léa a souhaité recevoir l'insémination de sperme, parce que le donneur n'y est pas anonyme et que si son enfant, plus tard, souhaite faire la connaissance de son « père » génétique, la démarche sera possible. Julia a suivi le raisonnement inverse : que le donneur de sperme reste à jamais inconnu, que jamais son enfant n'ait à rencontrer ce « branleur ».

Chacun, chacune voit l'enfant à sa porte, celle de son histoire, de l'inscription (largement inconsciente) de son désir dans cette histoire. Jamais l'intervention scientifique-technique contribuant à l'enfantement, quelle qu'elle soit, n'échappera au traitement psychique, celui qui conjugue désir, angoisse, conflit, fantasme… Pour un même geste technique, autant de traductions imaginaires singulières. Sans parler des cas de figure où c'est l'inconscient, sa conflictualité, qui décide de la modalité technique : rien, physiologiquement, n'empêchait Gaëlle et son compagnon d'engendrer un enfant par leurs seuls moyens. C'est pourtant un voyage à l'étranger et un don anonyme d'ovocytes qui permettra à Gaëlle d'être enfin enceinte. Jusqu'à ce que surgisse plusieurs années plus tard la source du conflit :

mettre au monde un enfant non issu de ses ovocytes lui permettait de rompre génétiquement-imaginairement avec sa filiation maternelle ; sa mère ne serait pas la grand-mère (biologique) de l'enfant.

Combien d'enfants naissent le plus « naturellement » du monde après que leurs parents, longtemps convaincus d'une impossibilité d'engendrer, ont adopté un aîné.

Que la grossesse porteuse et accoucheuse de l'enfant ne soit pas celle de la mère, que le ventre enceint soit prêté par une autre femme, laquelle passé l'engendrement donne l'enfant mis au monde à une « mère d'intention », à un couple, voire à un couple d'hommes... on devine l'aubaine pour l'inconscient devant tout le travail psychique d'élaboration qui l'attend. Mais aussi une aubaine pour tous les contempteurs de la GPA (gestation pour autrui). Derrière l'argumentation manifeste (le ventre à vendre), quelle force inconsciente nourrit l'hostilité ?

Aujourd'hui les deux motifs principaux d'une demande de grossesse pour autrui, là où la loi l'autorise, sont l'infirmité utérine d'une femme lui interdisant d'être enceinte et l'homosexualité d'un homme (ou d'un couple d'hommes). Le livre de Geneviève Delaisi de Parseval n'oublie personne : les entretiens menés le sont tant avec les femmes porteuses, les mères et pères de droit, que les enfants nés de cette aventure (certains ont aujourd'hui la vingtaine).

On découvre que la complexité psychique de l'entreprise se double d'une diversité pratique. La mère porteuse reçoit-elle les gamètes des parents d'intention, ou seulement le don de sperme du futur père ? La donneuse d'ovocytes est-elle connue ou anonyme ? L'ovocyte est-il celui de la mère porteuse ? La mère porteuse est-elle une proche, voire une parente, sœur ou belle-sœur ? Quels liens entretiennent la mère porteuse et les parents à venir ? Chaleureux, réservés, indifférents… Quel « couple » forment la mère porteuse et la mère d'intention ? L'enfant sera-t-il allaité par celle à qui il est donné… Aucun de ces temps n'échappera à l'âpreté de la vie psychique, quel qu'en soit le traitement : déni, clivage, refoulement ou fantasme, histoire, roman familial…

Geneviève Delaisi de Parseval se propose de « penser la GPA *in concreto* et non pas *in abstracto* », en accordant notamment une écoute particulière à la mère de grossesse. Quel(s) désir(s) nourrit son geste ? Quelle vie lui fait vivre sa grossesse ? La dernière loi en date, celle du Québec, particulièrement soucieuse de l'éthique, introduit une clause nouvelle. Comment peuvent se dissocier le désir de grossesse et le désir d'enfant ? Personne n'en sait rien, raison de plus pour être prudent. La loi accorde un mois passé l'accouchement à la mère porteuse pour confirmer son souhait de donner l'enfant… ou de décider de le garder pour elle.

Quelle vie sera la vie des enfants fruits d'une telle histoire ? Retour à la question de la santé psychique. Si le fait d'être « né-élevé » au sein d'une famille nucléaire, entre la mère, le père, les frères et les sœurs, sans qu'à aucun moment ne s'immisce la technique médicale, si une histoire aussi « naturelle » garantissait en elle-même la bonne santé psychique, il y a longtemps que le psychanalyste s'en serait aperçu ! Combien de névrosés lourds, de psychotiques ou de pervers enfants de « bonne famille » ! Il n'y a aucune « raison » psychanalytique pour soutenir *in abstracto* qu'un enfant né d'une grossesse altruiste connaîtrait inévitablement des problèmes psychiques insurmontables, non transformables. Que fera-t-il de l'ovocyte anonyme, de la rencontre de cet ovocyte avec le spermatozoïde de son père, du ventre où il a logé neuf mois, du plaisir et de la souffrance de celle qui l'a mis au monde, de la relation entre la mère de grossesse et *sa* mère… *c'est son histoire*, celle, comme tout un chacun, qu'il va s'inventer en combinant les éléments de la réalité aux angoisses, désirs et fantasmes qui sont les siens.

Jacques ANDRÉ,
psychanalyste,
professeur émérite de psychopathologie
à l'université Paris-Diderot

PROLOGUE

Loin d'être évidente, la question de savoir qui est la « vraie mère ? » a traversé tant les mythes que l'Histoire. On verra tout au long de ce livre que la grossesse pour autrui se situe entre deux mythes fondateurs : celui du jugement de Salomon et celui de l'Immaculée conception.

Chaque religion, chaque culture a, de fait, proposé un narratif pour répondre à un débat très ancien : sur quel(s) élément(s) se fonde la filiation maternelle ?

La problématique de la grossesse pour autrui telle qu'elle est racontée dans la Bible est emblématique de cette question. Rappelons l'histoire : désespérée par sa stérilité, Sarah donna sa servante égyptienne, Agar, à son époux Abraham pour avoir une descendance ; ce dernier écouta sa femme et eut avec elle un fils, Ismaël. Pendant ce temps, Agar tomba elle aussi enceinte[1] et donna naissance à Isaac. Mais Sarah obtint de son époux qu'il chasse Agar et Ismaël (cette dernière méprisait et maltraitait sa

1. De manière anachronique, c'est fréquent en PMA…

servante – jalousie féminine vis-à-vis de celle qui l'a peut-être devancée) ; Agar et son fils Ismaël seront recueillis par les habitants du désert. Selon la tradition, les Arabes seraient les descendants d'Ismaël et les Juifs, ceux d'Isaac (ils sont, notons-le, demi-frères car ils ont le même père, Abraham)[1].

Le résultat actuel est qu'en Israël la GPA est valorisée ; on trouve des publicités dans la presse à l'intention des célibataires, des veuves et des personnes divorcées à condition qu'elles soient juives. Y compris dans des indications originales telle celle de rechercher des mères porteuses pour être inséminées avec du sperme – congelé avant les combats – de soldats décédés.

Le monde musulman en revanche n'a pas de réponse unifiée : celui de confession chiite a intégré les différentes techniques d'assistance médicale à la procréation (AMP), mais en les reconfigurant en accord avec sa propre morale et sa religion. L'islam a notamment inventé une « astuce » particulièrement originale : les protagonistes de ce protocole d'AMP contractent un « mariage temporaire » de deux à trois jours (temps nécessaire à la conception *in vitro* et au transfert de l'embryon), appelé *mutca* et ils divorcent ensuite…, ce afin d'éviter une *zina,* un adultère[2].

---

1. Comme en témoignent de nombreux tableaux dont celui de Rubens (*Agar quitte la maison d'Abraham* au musée de l'Ermitage). Rappelons que la filiation juive se fait par la mère.
2. Je me réfère aux travaux de l'anthropologue américaine Marcia Inhorn : « Making muslim babies : IVF and gamete donation in sunni versus shi'a islam », *Culture,*

Plus tard, dans la Rome antique, un citoyen dont la femme était féconde pouvait la céder à un autre homme dont la femme était stérile ; l'enfant qui naissait de cette union sexuelle passagère était réputé être celui du deuxième couple et était élevé comme le sien propre par ce couple. Détail important : le premier couple devait aussi nourrir la femme qui portait l'enfant[1].

Plus près de nous on peut relire le roman de Balzac *Les Petits-Bourgeois* qui raconte comment deux couples s'entendirent : la femme féconde se chargea de faire un enfant avec le mari de la femme stérile. La fille née de cette union fut élevée et aimée par les deux couples qui habitaient le même immeuble. Tout le monde était au courant.

Medecine and Psychiatry. An International Journal of Comparative Cross-cultural Research, 2006, 30 (4), p. 427-450.

1. Voir Yann Thomas, « À Rome, pères citoyens et cité des pères (IIe siècle av. J. C. – IIe siècle ap. J.-C.) », *in* André Burguière, Christiane Klapisch-Zuber, Martine Segalen, Françoise Zonabend (dir.), *Histoire de la famille*, I : *Mondes lointains, mondes anciens*, Armand Colin, 1986, p. 195-230.

INTRODUCTION

La représentation millénaire, quasi universelle, que l'on a, en Occident, de la maternité peut se lire sur un axe horizontal, selon un schéma immuable. Elle est fondée sur une représentation initiée avec le désir – conscient ou non – d'une femme d'avoir un enfant (ou de donner un enfant à son mari ou des petits-enfants à ses parents) prolongée par une conception (volontaire ou non), ensuite par la grossesse et l'accouchement – passages obligatoires –, enfin par l'éducation de l'enfant de sa naissance à l'âge adulte.

Selon les cultures et les époques, ce continuum a, certes, connu des ruptures : le désir d'enfant n'est pas toujours au rendez-vous ; une mère ne garde pas toujours le bébé dont elle a accouché (le cas de l'adoption dans toutes ses déclinaisons est emblématique de cette situation, celui de l'accouchement « sous X » en France également). Et l'enfant ne vient pas toujours aussi facilement que désiré. Il arrive en outre que les enfants « circulent » souvent par le canal de la parenté. Enfin nombre de mères n'élèvent pas leur enfant de la naissance à l'âge adulte pour toutes sortes de raisons (divorces, maladies, etc.)[1]. Il existe des rayons entiers de bibliothèques appartenant à de nombreuses disciplines sur ces différentes situations, la psychanalyse n'étant pas la dernière au rendez-vous.

A-t-on fait pour autant le tour de la question du devenir mère ? Je ne le pense pas. Et on va voir dans ce livre que l'on peut devenir mère sans avoir vécu ni grossesse ni accouchement (je reviendrai sur le cas de l'adoption).

Il existe en effet dans le continuum de la maternité un invariant qui n'a jamais été interrogé *seul*, déconnecté de l'avant et de l'après : celui d'une grossesse considérée hors projet parental, d'une grossesse *per se*, de la grossesse considérée en elle-même.

Car lorsqu'on s'interroge à la lumière de la métapsychologie sur la dynamique du psychisme d'une femme enceinte, on la relie inévitablement à l'archéologie psychique de la conception, tant de celle de la mère que de celle du père, sans oublier la prise en compte des diverses projections familiales. Quant à l'après-accouchement et la suite de l'histoire d'une mère, le chantier est encore plus vaste : il concerne un tissu d'interactions mère-bébé, puis mère-enfant, enfin mère-adulte.

La maternité reste un continent qui n'a pas été entièrement exploré en dépit de références abondantes dans de nombreuses disciplines dont la psychanalyse. Toutes les

---

1. Voir le célèbre article de Sandor Ferenczi « L'enfant mal accueilli et sa pulsion de mort », *Psychanalyse IV*, 1929.

phases du devenir mère ont été passées au peigne fin : du désir d'enfant aux relations mère-bébé puis mère-enfant. Quant à la grossesse et à l'accouchement, moments « évidents », ils sont restés quelque peu silencieux, comme « noyés » dans le processus global de la maternité[1].

On peut cependant citer ici l'ouvrage de Camille Froidevaux-Metterie, *Un si gros ventre. Expériences vécues du corps enceint*[2] : l'autrice a écouté dans une maternité parisienne des mères d'un milieu social plutôt favorisé parler de leurs grossesses désirées et qui se sont déroulées dans de bonnes conditions. Mais – paradoxe apparent – elle souligne la forte ambivalence de leurs propos autour de la grossesse.

Pour cerner les contours de la maternité dans son ensemble, il manquait *une clinique de la grossesse seule*, considérée en elle-même, désolidarisée de l'avant et de l'après-accouchement. Or il se trouve que nous disposons depuis quelques années d'un champ d'exploration nouveau et exceptionnel : la clinique de la gestation pour autrui. Nouveau parce que la loi de bioéthique française ne l'a pas encore inclus dans l'éventail des PMA ; nouveau aussi parce que, victime de son passé (voir la lamentable affaire de l'association Les Cigognes – justement condamnée par

1. On trouve quelques exceptions dont l'article du professeur Sylvain Missonnier « Grossesse, stress et psychanalyse. Un débat primordial », *La Psychiatrie de l'enfant*, 2013, 56, p. 37-66.
2. Camille Froidevaux-Metterie, *Un si gros ventre. Expériences vécues du corps enceint*, Stock, 2023.

l'arrêt Alma Mater le 13 décembre 1989), la GPA était mal comprise. Seule une revue documentée d'outre-Atlantique (États-Unis et Canada) permet de l'évaluer comme elle le mérite. Ainsi me suis-je servie dans ce livre d'une clinique que je connais bien – celle de la GPA – pour éclairer le champ de la maternité en général. On verra que ce livre n'apportera pas seulement un espoir aux femmes touchées par une stérilité utérine qui pourront se rendre sans crainte dans des pays qui ont légiféré ; mais qu'il concerne aussi toutes celles et ceux qui s'intéressent à la nouvelle histoire de la maternité qui évolue sous nos yeux.

Les chercheurs en sciences humaines – et en droit – ont interrogé les différentes figures historiques et médicales du devenir mère : la PMA en fournit de très nombreux exemples parmi lesquels on rencontre la GPA. Leurs travaux n'ont pour l'instant guère modifié la donne du paysage maternel. La clinique du don d'ovocytes, par exemple, qui représente pourtant un changement majeur au sein de la maternité habituelle (il n'y a pas de transmission génétique venant de la mère), n'a, paradoxalement, fait que renforcer le continuum désir d'enfant/grossesse habituelle en dépit de la substitution d'un ovocyte étranger à la mère. Comme si ce dernier avait été en quelque sorte « dissous » dans les neuf mois de la grossesse, aboutissant ainsi à faire de cette maternité une maternité classique.

La grossesse et l'accouchement demeurent et demeureront le verrou, « la signature » de la maternité tant que le législateur restera arc-bouté sur la représentation de l'accouchement comme condition nécessaire et suffisante pour définir une mère, la mère. La clinique de la « grossesseseule » existe pourtant, mais on ne voit pas, comme dans *La Lettre volée* d'Edgar Poe. Les données sont là mais l'observateur les refoule, encombré qu'il est tant par ses préjugés que par ses contre-attitudes politiques ou religieuses. À la lumière de la clinique des mères porteuses, on verra ainsi que la question de ce vécu de la grossesseseule est bien plus qu'un débat rhétorique ou même théorique. Et que c'est le paysage de la maternité tout entier qui est éclairé par la GPA.

Appelé « maternalité » (*motherhood*) en langage psychanalytique, le devenir mère est un processus de maturation psychique qui est loin de se calquer automatiquement sur la physiologie. Un cas inverse le montre également : dans le déni de grossesse, il y a des mères physiologiquement enceintes mais qui ne se sentent pas mères. Dans le cas de l'adoption, une femme enceinte ne veut/ne peut vivre sa maternité.

Revenir à la notion de maternalité éclaire considérablement la clinique de la gestation pour autrui (GPA), trop vite ostracisée en France. Concrètement, au cours d'une telle grossesse, une femme (mère elle-même de ses enfants) porte pour d'autres parents un fœtus qui lui est étranger. La question psychologique revient à analyser l'élaboration mentale de cette mère gestatrice vis-à-vis de ce bébé qu'elle porte et qu'elle met au monde mais qu'elle ne désire pas puisqu'il n'est pas le sien et qu'elle s'apprête, dès avant la grossesse, à rendre aux parents génétiques qui l'ont conçu ; avec une « plus-value » : la *maternalité utérine* de la mère porteuse pendant la grossesse (cette personne s'est occupée du fœtus, telle une nourrice, pendant ces neuf mois et en a accouché).

Or même si en France cette pratique est toujours interdite par la loi de bioéthique, de nombreux couples hétérosexuels et homosexuels y recourent pour des raisons médicales et sociales et se rendent surtout aux États-Unis et au Canada[1]. Nombre d'enfants – certains sont adultes maintenant – sont des citoyens français et s'expriment sur leur parcours.

Reprenant le sujet aujourd'hui, à rebours des fantasmes et des idéologies dominantes, je constate tout d'abord que le contexte médical des années 2000 est évidemment différent du contexte actuel ; pas tant d'ailleurs que les techniques aient beaucoup évolué : seule la greffe d'utérus donnerait du grain à moudre à la GPA car elle pourrait en représenter une alternative si elle était « au point » et se faisait à grande échelle (ce qui n'est pas le cas – quelques centaines de bébés ont été conçus ainsi dans le monde dont deux en France) ; et c'est un parcours du combattant que d'accéder à la liste d'attente. Mais surtout – et c'est là le plus important – les protagonistes de la GPA demeurent en

1. La GPA est possible dans quinze pays européens, voir Virginie Rozée, Élise de La Rochebrochard, « L'aide à la procréation en dehors du cadre légal et médical français : quels enjeux aujourd'hui ? », *Populations & société n° 593* (revue de l'INED), 2021.

partie inconnus ; à l'époque on ne connaissait pas vraiment le fonctionnement psychique des mères porteuses (peu d'analystes n'ont, à ma connaissance, eu des gestatrices sur leur divan). Pourquoi ? Probablement parce que c'était – et ça l'est encore la plupart du temps – *un petit* sujet, les agences ou décideurs se contentaient d'un questionnaire surtout médical pour les sélectionner. Et aujourd'hui on dispose principalement d'enquêtes « psy » déclaratives envoyées par e-mails (comme dans les travaux de l'équipe de Susan Golombok). Sur le plan sociologique, des travaux tels ceux de Jérôme Courduriès, d'Hélène Malmanche et des chercheurs de l'INED (Virginie Rozée et Élise de La Rochebrochard[1]) font exception à la relative rareté des contributions françaises sur le sujet. Sans compter deux thèses belges dont celle de Mònica Bourlet dont je cite très longuement des extraits[2]. Un psychanalyste français, Kevin Hiridjee, a suivi un couple d'hommes dans un parcours de GPA avec une mère porteuse canadienne[3]. Un auteur québécois, Kévin Lavoie, a également beaucoup publié sur des cas québécois[4]. Mais les travaux les plus intéressants sont à mon sens l'apanage d'anthropologues dont l'enquête de

1. *Ibid.*
2. L'autre thèse est celle de la psychologue clinicienne Françoise Cailleau de l'Université libre de Bruxelles, *Gestation pour autrui : d'une matrice à l'autre. Dialogique de la filiation et de la parentalité dans la gestation pour autrui*, thèse de doctorat, Université libre de Bruxelles, 2018.
3. Kevin Hiridjee, *Qu'est-ce qu'un père ?*, Fayard, 2024.
4. Kévin Lavoie et Isabelle Côté, « Tisser une trame relationnelle autour de l'enfant : les affiliations familiales en contexte de gestation pour autrui et de don d'ovules », *Dialogue*, 2023, 239, p. 67-83.

Delphine Lance qui a écouté 33 femmes porteuses au cours de neuf mois passés en Ukraine[1] ; et 32 femmes porteuses aux États-Unis (ce sont des femmes qui dans les deux cas ont porté exclusivement des embryons qui ne leur étaient pas génétiquement reliés). Je reviendrai sur cet article.

Pour ce livre, j'ai pu disposer – grâce à ma clinique personnelle et à la collaboration de plusieurs chercheurs avec lesquels j'ai travaillé[2] – d'entretiens avec des gestatrices américaines, canadiennes, britanniques et belges principalement. Ainsi qu'avec de jeunes adultes conçus par GPA. La richesse de ce qu'ils apportent fournit de nouvelles perspectives sur le rôle et l'importance de la grossesse dans la vie des deux mères (d'intention et porteuse) ainsi que sur leur relation avec les enfants conçus dans ce cadre. Quant aux enfants eux-mêmes (certains sont adultes aujourd'hui), il est intéressant de les écouter sur ce qu'ils pensent de leur parcours de GPA quelque vingt-cinq ans après. Dans de nombreux cas j'ai pu prolonger leurs recherches en m'adressant à titre personnel aux participants (mères porteuses, donneuses d'ovocytes, adolescents et adultes conçus par GPA). Ce qui peut permettre un début d'évaluation de ces parcours. Et surtout de les situer dans l'éventail des indications de PMA. Cette réflexion contribuera peut-être à faire évoluer la loi française.

1. Delphine Lance, « Mettre à distance la maternité. La gestation pour autrui en Ukraine et aux États-Unis », *Ethnologie française*, 2017, XLVII (3), p. 409-420.
2. Psychologues, psychiatres et anthropologues : Ellen Schenkel, Serge Tisseron, Anne Cadoret, Chantal Collard, Mónica Bourlet, Despina Naziri.

La GPA éclaire la maternité habituelle

Enfin on verra au fil de ce livre que la clinique de la grossesse pour autrui permet d'éclairer la grossesse habituelle. Au sein même de la maternité, la gestation pour autrui vient en effet révéler, dans sa part la plus visible, le partage entre le processus de conception, celui de la grossesse et celui de la mise au monde d'un enfant. Elle rompt ainsi l'unité « naturelle » de la maternité et en ébranle le contenu juridique et social. Je me suis servie ainsi, à la manière d'un projecteur, de la clinique des mères porteuses pour apporter une compréhension nouvelle de la grossesse dans son sens habituel. Remarquons, comme souvent, qu'au plan théorique l'étude des marges éclaire l'épicentre d'un sujet : ici la « période grossesse » de la maternité habituelle. Comme l'écrivait Jean-Jacques Rousseau : « Il faut d'abord observer les différences pour découvrir les propriétés[1]. »

Il s'agit de penser autrement la GPA en la replaçant dans l'éventail des PMA avec dons, au même niveau d'importance – pour ce qui concerne les contours du continent « maternité » – que les dons d'ovocytes ou que l'accueil d'embryon. Rien d'idéologique dans ce propos : on verra qu'il suffit d'écouter les mères, toutes les mères.

---

1. Cité par Claude Lévi-Strauss *in L'Anthropologie face aux problèmes du monde moderne*, Seuil, 2011, p. 23.

Ce qui est pour partie le fil rouge de ce livre. Je me propose de penser la GPA *in concreto* et pas *in abstracto,* comme on le fait habituellement.

Après quelque trente ans d'étude de la PMA dans toutes ses déclinaisons, j'avais considéré, à la lumière de mon expérience clinique, que la grossesse pour autrui en était une indication émergente (elle était d'ailleurs actée dans plusieurs pays dès la fin du siècle dernier). J'ai beaucoup publié en ce sens : un livre, *Famille à tout prix*[1], et nombre d'articles écrits seule, et au sein de revues scientifiques françaises et américaines ; en ne perdant jamais de vue le contexte global des PMA dans lequel, à mon sens, la GPA avait une place logique[2]. Mon propos dans ce livre est de voir ce qu'il y a de nouveau sur ce sujet. J'ai donc privilégié les travaux qui concernent le long terme, plus particulièrement le devenir des protagonistes des différents scénarios de GPA : mères porteuses, parents d'intention et enfants conçus ainsi, parmi lesquels certains sont majeurs.

Avant d'entrer dans le vif du sujet, il est nécessaire de faire le point sur les indications médicales et sociales de la GPA en France aujourd'hui ; et de voir ce qui se passe hors

1. Geneviève Delaisi de Parseval, *Famille à tout prix*, Seuil, 2008.
2. Mon article « To FIV or not to FIV : la gestation pour autrui, future indication d'assistance médicale à la procréation ? To FIV or not to FIV : will gestational surrogacy be an indication for assisted reproductive techniques ? », *Gynécologie, obstétrique et fertilité*, 2006, 34 (9), p. 720-726, indique clairement mon point de vue de l'époque qui est toujours le mien actuellement avec une clinique plus nourrie.

de nos frontières[1]. La GPA est interdite chez nous, ce n'est pas nouveau. Mais le sujet est désormais censuré, devenu tabou. La question des mères porteuses avait pourtant été âprement débattue auparavant. En 2011, un rapport très équilibré du Sénat avait plaidé pour un projet d'ouverture précis : une GPA réservée aux couples hétérosexuels frappés de stérilité utérine, une GPA non rémunérée, inspirée du modèle anglo-saxon et encadrée légalement. L'ostracisme actuel de la loi française serait-il une sorte de contrepartie de la part du législateur à l'audace assez peu attendue de l'ouverture de la PMA à toutes les femmes[2] ?

Dans la configuration désormais habituelle de la GPA, la mère porteuse ne fournit que rarement ses ovocytes (c'est le seul cas de la maternité pour autrui, dite MPA). En général la mère gestatrice porte un embryon conçu par fécondation *in vitro* soit avec les gamètes des parents d'intention, soit avec les gamètes du père et l'ovocyte d'une donneuse (anonyme en général). Il existe ainsi une « mère de grossesse et d'accouchement » et un couple de parents d'intention qui sont tout à la fois génétiques, légaux, affectifs et éducatifs.

Voyons ainsi ce qu'il en est des différentes GPA.

1. Ces lignes sont extraites de mon article coécrit avec le professeur Jacques Milliez, membre de l'Académie de médecine, *in Prescrire*, 2024, 44 (487).

2. C'est la lecture – à laquelle je souscris – de la sociologue Dominique Mehl dans son article : « PMA : la nouvelle donne. La révision de la loi bioéthique en 2023 », *Journal international de bioéthique et d'éthique des sciences*, 2023, 34, p. 65-70.

Les différents types de GPA

La plus ancienne est la « maternité pour autrui, MPA » dite aussi *GPA traditionnelle* : une mère porte un bébé pour un autre couple. Le spermatozoïde est celui du père d'intention (la mère d'intention n'a dans ce cas ni utérus fonctionnel ni ovocyte ; ou bien le couple d'intention est composé de deux hommes). La mère porteuse porte alors un enfant conçu avec ses propres ovocytes. Elle est donc la mère biologique mais ne sera pas la mère légale ni sociale dans le contexte de la GPA.

Dans la *GPA gestationnelle* : un bébé est conçu par fécondation *in vitro* avec les gamètes des parents d'intention puis transféré dans l'utérus de la mère porteuse qui leur rendra le bébé après l'accouchement. Il existe un *autre cas de GPA gestationnelle* lorsque la mère d'intention n'a pas non plus d'ovocyte et que *le couple fait appel à une donneuse d'ovocytes.* C'est, en principe, neutre pour la mère porteuse.

Il est question de *GPA relationnelle* quand la GPA est pratiquée entre proches (famille ou amis proches) : pour une sœur ou une belle-sœur de la mère porteuse, par exemple. C'est possible dans le cadre des lois belge, hollandaise et québécoise à condition que ce soit gratuit. Il y a intervention d'un juge. La GPA relationnelle peut aussi avoir lieu par FIV ou par MPA (au cours d'une FIV ou d'une insémination artisanale quand la mère porteuse est aussi la mère génétique).

Les cas cliniques cités dans ce livre relèvent de l'un ou l'autre de ces divers cas de figure. Les deux histoires de GPA en Belgique que je cite très longuement sont uniques en termes de GPA relationnelle, la Belgique étant un des seuls pays européens à l'autoriser. On comprendra mieux ainsi la psychodynamique de ces mères, une clinique que je n'ai trouvée nulle part ailleurs.

Les indications médicales de la GPA

Une des indications de la GPA est l'absence d'utérus. La cause la plus commune d'ablation de l'utérus est l'hystérectomie d'hémostase. Elle s'impose parfois au décours d'un accouchement (5 % des naissances environ). D'autres jeunes femmes, hors grossesse, n'échappent pas à l'hystérectomie à cause de saignements utérins incontrôlables dus à des fibromes ou à des anomalies congénitales de la coagulation du sang. Une autre indication de GPA est l'absence congénitale d'utérus, le syndrome de Mayer-Rokitansky-Küster-Hauser, MRKH. Il affecte une femme sur 4 500. Il est caractérisé par une aplasie congénitale de l'utérus et des deux tiers supérieurs du vagin. Les ovaires fonctionnent souvent normalement. Ces femmes peuvent aujourd'hui être candidates à la greffe utérine à condition de patienter plusieurs années ; sachant que c'est un protocole récent et qu'il existe des risques tant pour elles que pour la donneuse d'utérus (leur mère le plus souvent). La greffe d'utérus ne discrédite d'ailleurs pas la GPA, elle la complète. Le cancer de l'utérus, surtout le cancer invasif chez les femmes jeunes ne permet pas, bien souvent, de conserver l'utérus. Les ovaires sont en revanche préservés, transposés à l'abri des rayons qui complètent habituellement l'hystérectomie. La GPA devient ensuite une option possible. Pour certaines femmes enfin, l'utérus est trop malade ou trop fragile pour permettre l'implantation de l'embryon et pour mener à terme une grossesse sans risque grave. Des fibromes utérins volumineux constituent parfois un obstacle au développement du fœtus. D'autres utérus sont irrémédiablement endommagés par les séquelles d'une infection génitale, l'endométrite, par les séquelles d'une tuberculose génitale ou par les cicatrices d'un curetage trop appuyé. Et, surtout, les jeunes femmes dont les mères ont ingéré, dans les années 1950 et 1960 du Distilbène®, cette hormone œstrogénique de synthèse pour éviter une fausse couche quand elles étaient enceintes, ont pour beaucoup d'entre elles un utérus profondément altéré, minuscule, rigide, incapable de permettre une grossesse, même après fécondation *in vitro* ; leur seul espoir est la GPA. Restent enfin les femmes dont l'état de santé empêche de raisonnablement envisager une grossesse. Certaines pathologies congénitales exposent pourtant encore les femmes enceintes à des risques mortels. Remarquons la double injustice qui frappe certaines d'entre elles qui, dépourvues d'un utérus fonctionnel, ont souvent encore des ovocytes. Au terme du travail d'une commission *ad hoc,* et d'un rapport publié le 9 mars 2009, l'Académie nationale de Médecine avait voté en session plénière, *à une très courte majorité,* en défaveur de la GPA. Après avoir scrupuleusement détaillé les arguments qui permettraient d'accepter la GPA, le rapport avait aligné avec la même rigueur les arguments qui lui étaient opposés : on ne connaît que trop ces derniers, déclinés au fil des scandales qui ont scandé l'histoire des mères porteuses en France (voir l'affaire Sacha Geller, Les Cigognes et sa condamnation par l'arrêt Alma Mater le 13 décembre 1989).

J'avais accompagné – au titre de la recherche – une de ces femmes à la demande du docteur Geller, puis abandonné aussitôt cette clinique non éthique et particulièrement pathogène qui avait conduit une jeune femme à l'abandon de son propre enfant – ce bébé avait été conçu avec ses gamètes et elle n'avait jamais eu d'enfant auparavant. Plus tard les parents commanditaires lui avaient fait vivre un deuxième abandon, ils s'étaient débarrassés d'elle au bout de quelques semaines – le temps d'allaiter le bébé –, sa valise sur le trottoir avec un chèque ! Tous les ingrédients des dégâts que peut entraîner une GPA commerciale et hors de tout cadre législatif sont réunis dans cette histoire tragique (la mère porteuse, ex-enfant de l'Aide sociale à l'Enfance était en outre sans attache familiale).

Pour les professionnels du suivi des femmes en gynécologie et en obstétrique, la GPA ne s'accepte pas aisément.

Accompagner jusqu'à l'accouchement une femme qui remet à une autre l'enfant qu'elle a mis au monde est tout sauf simple. Mais la force de la maternité n'appartient pas qu'aux femmes qui accouchent ; cette force habite parfois jusqu'à une douloureuse obsession des femmes que la nature ou qu'un accident de santé a privées d'utérus et donc d'enfant. Nombreuses sont celles qui n'abdiquent pas pour autant ; car il existe, et elles le savent, une solution qui s'appelle la GPA. Bien sûr elles pourraient en théorie adopter, mais il s'agit d'un parcours qui prend des années et c'est une autre histoire de toute façon. Certaines femmes veulent par ailleurs « donner de leur corps », c'est-à-dire avoir un enfant qui leur soit relié génétiquement.

Ne jugeons pas.

Un rapide état des lieux de la GPA dans le monde

Plusieurs pays européens d'une culture proche de la nôtre ont depuis longtemps légiféré sur la GPA. En Grande-Bretagne, la GPA se pratique depuis 1983, légalisée en 1985 par le *Surrogacy Arrangement Act*, elle s'exerce sous l'autorité technique et éthique de la *Human Fertilisation and Embryology Authority*. Seules sont admises les indications médicales. Y ont accès les couples mariés ou non mais de sexe différent, et les célibataires. Les mères porteuses y sont dédommagées pour leurs frais à hauteur de 15 000 livres payées par le couple d'intention. L'ordonnance parentale est officialisée par un notaire, possiblement dès la naissance de l'enfant qui sera informé le plus souvent de ses origines génétiques par ses parents d'intention. On estime en Grande-Bretagne à 4 000 cas par an le nombre d'enfants issus de GPA, les plus âgés ont 40 ans. Rien, ni physiquement, ni psychologiquement, ni socialement, ne les distingue du reste de la population britannique.

En Grèce, la GPA a été légalisée en 2002 pour les citoyens, puis en 2014 pour les étrangers. Les indications sont médicales, attestées par un certificat médical, réservées aux couples hétérosexuels ou aux femmes célibataires. La mère d'intention doit avoir moins de 50 ans. Le don d'ovocytes est autorisé, mais pas venant de la mère porteuse. La filiation est établie par ordonnance judiciaire. Le dédommagement ne dépasse pas 10 000-12 000 euros, somme fixée par la loi. La situation actuelle semble problématique dans la mesure où mères porteuses et donneuses viennent des pays voisins de l'ancien bloc de l'Est (dont la Bulgarie) où il n'y a guère de contrôle. Tout récemment la loi grecque a interdit la GPA pour les couples homosexuels[1].

En Belgique, la GPA « altruiste » est régulée par la loi du 6 juillet 2007 sur la PMA. Les indications sont médicales, attestées par certificat, l'âge limite pour la mère porteuse est de 43 ans. La mère porteuse est la mère légale,

1. Je remercie la professeure Zaira Papaligoura de ces informations.

la nouvelle filiation doit se faire par adoption. Un seul établissement, à Gand, accepte depuis 2011 les couples de même sexe et le don d'ovocytes. Il est illégal de rémunérer la mère porteuse dont les frais sont cependant compensés par les parents d'intention. Juridiquement compliquée, elle se limiterait à 150-200 cas en tout.

Aux Pays-Bas, la GPA n'est ni interdite ni légalisée, elle est régulée par la loi sur la procréation médicalement assistée. L'indication doit se justifier par certificat médical. Le Code pénal interdit toute rémunération, mais pas la compensation des frais de la mère porteuse, qui doit avoir moins de 44 ans et représente la mère légale. Le transfert de parentalité exige une adoption légale.

Un peu plus loin, au sein d'une culture proche de la nôtre à bien des égards, le Québec a voté une loi particulièrement innovante sur le sujet (loi 12, votée le 6 juin 2023). Cette loi réévalue tout autrement la GPA et anéantit de ce fait les critiques formulées au cours des décennies précédentes. Que dit-elle ? La nouveauté – elle est de taille – consiste à prendre en compte l'existence d'un projet parental – validé par un contrat établi au tribunal – entre des parents d'intention et une mère porteuse afin d'établir la filiation de l'enfant à naître[1]. Dans les cas où un couple de femmes ou une femme seule recourt à une

1. La prise en compte d'un projet parental *avant la conception* a été aussi établie en France dans la dernière loi de bioéthique pour les cas de couples lesbiens, voir mon article « La loi de bioéthique, deux ans plus tard », *Réalités en gynécologie-obstétrique*, 2024, 223, p. 3-4.

AMP (forcément avec un don de sperme), la loi crée un dispositif d'établissement de la filiation par une déclaration anticipée de volonté qui permet de rendre compte du projet parental. Le détail du dispositif juridique vaut la peine d'être regardé de près ; prenons l'exemple d'un couple de femmes qui envisage d'avoir un enfant : aux termes de la nouvelle loi, leur première démarche va consister à se rendre chez un notaire en même temps qu'elles donnent leur accord au don de gamètes, afin de faire une déclaration anticipée de volonté *avant toute conception.* Et, dans un deuxième temps, si une grossesse puis une naissance ont eu lieu à la suite d'une insémination, la filiation sera établie de manière classique avec la mère qui a accouché ; mais, en parallèle, elle sera établie *via* la déclaration anticipée avec l'autre mère qui déclarera l'enfant à l'état civil. Cet enfant aura ainsi deux mères mais – ce point est nouveau – celle qui a accouché n'aura aucune préséance ni priorité sur l'autre[1]. *Une première dans l'histoire de la notion de maternité* : au sens de la prise en compte d'une déclaration de volonté avant toute conception ; puis de la reconnaissance d'une double maternité *à égalité* dont aucune des deux n'est fondée sur l'accouchement.

Au Québec, une convention notariée est obligatoire et ce contrat de grossesse pour autrui devra précéder le début de la grossesse de la mère porteuse. Les parents d'intention ne pourront pas changer d'avis par la suite

1. Valérie Depadt, *in Solution notaire*, 20 janvier 2022, p. 13.

et abandonner l'enfant. La mère porteuse devra, elle, en revanche confirmer après la naissance qu'elle ne veut pas être la mère de l'enfant ; confirmation qui devra être donnée dans un délai de 30 jours après l'accouchement. D'autre part, seule une GPA altruiste est autorisée. Selon la loi fédérale, il est interdit de rétribuer une personne de sexe féminin pour agir au titre de mère porteuse ou de faire de la publicité pour le versement d'une telle rétribution. Il existe un règlement fédéral qui précise quels frais supportés par la mère porteuse pourront faire l'objet d'un remboursement. Son contenu est particulièrement protecteur pour la mère porteuse[1]. Tant les parents d'intention que la femme qui prévoit de porter l'enfant doivent par ailleurs participer à une séance d'information psychosociale conduite par un professionnel. Remarquons que la mère porteuse participe à ce projet comme « donneuse », à la manière d'une donneuse de gamètes ou d'embryons en PMA ; à la différence près – majeure ! – qu'elle figure comme une personne qui « garde la main » tout au long du processus (jusqu'à 30 jours après l'accouchement). Et qu'il n'existe – à l'évidence – ni anonymat ni secret : on sait en principe qui est la mère porteuse.

Aux États-Unis, la GPA est encadrée par la loi avec des différences dans la totalité des États américains à l'exception

1. Chantal Collard et Geneviève Delaisi de Parseval, « La loi innovante adoptée au Québec montre qu'il peut exister une grossesse pour autrui éthique », *Le Monde*, 24 octobre 2023.

de la Louisiane, mais chaque État a sa propre procédure[1]. Le principe central est le *pre birth order*, procédure ou contrat au cours duquel un magistrat attribue avant la naissance la filiation au couple ou au parent d'intention. Il est difficile d'évaluer le nombre de naissances par GPA : on compte 1 000 naissances par an actuellement, principalement à l'intention de couples chinois, puis français. Il y a eu seulement deux cas de litiges[2]. La question de l'argent avait empoisonné les débats sur la GPA et suscité de formidables résistances – justifiées dans certains cas, notamment dans la pratique du docteur Geller – engendrant des jugements apocalyptiques sur le thème de *l'achat d'enfants, de ventres à louer*, voire de *prostitution*, etc. Rien de tel aux termes de la loi québécoise. Les mères porteuses ont leurs bénéfices secondaires personnels (dont, parmi d'autres, la gratification dans le fait d'aider une autre femme, le plaisir d'être enceinte qui dépassent pour de nombreuses femmes une quelconque somme d'argent) ; à partir du moment où ces mères sont correctement accompagnées pendant la grossesse. Rappelons ici ce que disait Françoise Dolto au sujet de l'argent dans la GPA : « La mère porteuse ne prostitue pas plus son corps que la nourrice ne prostitue

1. Les quatre États dits « États modèles », pratiquant une GPA éthique sont la Floride, l'Utah, Le New Hamphsire et l'État de Washington (voir Jennifer Merchant, note suivante). Il existe une absence d'uniformité dans les autres États qui l'autorisent.
2. Communication orale de la politologue Jennifer Merchant au colloque « Les nouvelles résistances à la gestation pour autrui », université Paris-Panthéon-Assas, 10 juin 2025.

son lait[1]. » J'y reviendrai en analysant les résistances dont l'argent est le thème majeur.

Deux remarques importantes d'ordre sémantique doivent être enfin relevées : la loi québécoise parle de « grossesse pour autrui », non de « gestation pour autrui ». Or, même si l'acronyme – GPA – est le même dans les deux cas, le terme de *grossesse* est plus juste que celui de *gestation* qui ne va pas sans une connotation vétérinaire. Dans le même sens, la loi québécoise parle de *mère porteuse*, non de *femme porteuse*, cette dernière expression ayant, depuis quelque temps, tendance à s'imposer dans les textes français[2]. L'expression plus juste de « mère porteuse » (traduction de *surrogate mother* dont la traduction exacte est « mère à la place de ») rend compte du fait que ces personnes sont avant tout mères de leurs propres enfants – c'est la condition d'entrée dans ces protocoles – mais aussi qu'elles remplissent une fonction maternelle essentielle : la grossesse et l'accouchement. Il y a beaucoup à comprendre de cette loi innovante qui montre qu'il peut exister une GPA éthique. Connaître les grandes lignes

1. Françoise Dolto au colloque « Génétique, procréation et droit », Unesco, 1985. Pour info, les mères qui donnent leur lait sont indemnisées.

2. L'expression de « femmes qui portent » pour désigner les mères porteuses est intéressante (voir Jérôme Courduriès, « Les bonnes intentions. Être parent d'un enfant né d'une GPA », *in* Sébastien Roux et Anne-Sophie Vozari, *Familles, nouvelle génération*, PUF, 2020), mais elle gomme le fait que ces femmes sont toutes – c'est la condition *sine qua non* pour participer à ces protocoles – mères de leurs enfants, ce qui signifie qu'elles savent ce qu'est une grossesse, un accouchement et l'éducation d'un enfant. Gardons les deux expressions, en fonction des auteurs cités. Les deux points de vue sont irréconciliables, mais peuvent cohabiter…

de ce protocole d'une grossesse pour autrui bien pensée devrait être de nature à nuancer une condamnation trop rapide du débat national sur le sujet dont on peut espérer qu'il évoluera comme le souhaite une majorité de Français. Selon une enquête Ifop publiée le vendredi 23 juin 2023 pour France Info, six Français sur dix sont favorables à la légalisation de la gestation pour autrui (GPA). Un sondage de février 2025 publié dans le magazine *Paillettes magazine*[1] donne 53,6 % de personnes pour la GPA sans conditions, 24,4 % pour, avec restrictions, et 4,8 % contre la GPA.

Ainsi, en excluant toutes les indications de convenance et en mettant seulement bout à bout toutes les pathologies ou maladies dont sont frappées nombre de femmes, on se rend compte que l'indication médicale d'une GPA est loin d'être négligeable ou marginale pour demeurer ignorée ou stigmatisée. Les « stérilités utérines » ne sont pas exceptionnelles, on le voit, et la médecine de la reproduction qui a fait tant d'exploits dans le domaine des PMA ne peut se désintéresser de ces patientes et de leurs familles. La loi ne le devrait pas non plus. Mais les choses bougent, on l'a vu à propos de la reconnaissance de la double maternité *à égalité* dans les couples de femmes. Et, même si en France cette pratique est toujours interdite par la loi, de nombreux couples hétérosexuels et homosexuels y recourent pour des raisons médicales et sociales et se rendent en Grande-Bretagne, en Belgique et surtout aux États-Unis

1. *Paillettes magazine*, n° 4, avril-juin 2025.

et au Canada. Nombre d'enfants – certains sont adultes maintenant – sont des citoyens français. Dans le passé, nombre de couples se sont rendus en Ukraine où – avant la guerre – il existait une pratique importante qui est terminée maintenant[1]. Pour des raisons différentes, la GPA en Inde n'est également plus d'actualité pour les couples français[2]. L'Inde tente aujourd'hui, après avoir largement toléré depuis 2002, d'encadrer la GPA et d'en restreindre l'accès : un texte actuellement en discussion au Parlement l'interdit à titre onéreux.

On peut encore citer quelques exemples de légalisation d'une GPA gratuite et encadrée : on y trouve le Royaume-Uni, l'Irlande, le Danemark, la Belgique, les Pays-Bas et la Finlande. Une gestation pour autrui à titre onéreux, sans conditions trop pesantes, est proposée ailleurs comme en Géorgie et dans tous les États américains à l'exception de la Louisiane[3].

Il existe enfin, depuis trois décennies environ, des indications sociales de la GPA : celles des couples homosexuels masculins ou des célibataires. Les questions qui concernent la maternité ne sont pas les mêmes tant du côté des parents d'intention que de celui des mères porteuses. Je les aborderai

---

1. Voir Delphine Lance, « Mettre à distance la maternité. La gestation pour autrui en Ukraine et aux États-Unis », art. cit.
2. Voir Virginie Rozée et Sayeed Unisa « Surrogacy from reproductive rights perspective: the case of India », *Autrepart*, 2014, 70 (2), p. 165-183.
3. La carte des États qui autorisent la GPA aux États-Unis sous différentes conditions : « Surrogacy laws : The best states for compensated surrogacy », Creative Family Connections (https://creativefamilyconnections.com/us-surrogacy-law-map/).

à partir de plusieurs cas cliniques d'hommes qui ont eu des enfants par GPA. Rien d'étonnant au demeurant depuis que la loi française a reconnu le mariage homosexuel ainsi que l'adoption, y compris par un père célibataire.

Ce livre n'est pas seulement un ouvrage sur les mères porteuses ; il ne l'est que partiellement. Il s'appuie en quelque sorte sur une clinique détaillée de ce sujet pour éclairer la période spécifique de la grossesse habituelle.

Les mères porteuses ne sont au demeurant pas des « poules pondeuses » : elles portent un bébé pour un couple, et c'est dans le cadre de ce projet qu'il faut comprendre leur geste. Mon propos est de donner à lire – avec un regard tant anthropologique qu'analytique – une clinique de la GPA à partir de données recueillies auprès de nombreuses mères porteuses, de parents d'intention et d'enfants conçus ainsi. Sans oublier le contexte : la culture du pays et ses lois, le rôle des agences ou des intermédiaires ; ce qui, à ma connaissance, n'a guère été fait. Dans la dernière partie, à la lumière de ces données, je m'interrogerai sur les contours de ce qui « fait mère ». Principalement sur la dynamique de la grossesseseule et de l'accouchement qui, dans presque toutes les cultures, ont constitué le ciment, l'essence même de la maternité et sur lesquels les législateurs de tout poil se sont appuyés. La GPA nous apprend en effet quelque chose tant sur la maternité que sur la paternité. Au fil de la lecture de ces récits de GPA, on verra que le projecteur sur la grossesseseule fait apparaître en creux d'autres moments de la parentalité que sont le désir d'enfant par une personne seule ou par un couple et la suite… La maternité est plurielle (la paternité l'est moins, on le verra).

Un corps pour deux

Comme l'a bien montré l'anthropologue israélienne Elly Teman, il s'agit de réfléchir au double corps de la femme-mère qui cumule maternité génétique (la femme qui fournit l'ovocyte) et maternité gestationnelle (la femme qui assure la maternalité pendant la grossesse). Le ressenti d'« un corps à la fois unique et duel » entre la mère porteuse et la mère d'intention permet à cette dernière de vivre une grossesse psychique. La qualité de cette relation favorise l'élaboration du bébé imaginaire et l'accueil du bébé réel « assurant ainsi une continuité existentielle et expérientielle[1] ».

Dans le même sens, Anne Cadoret écrit qu'« une femme devient mère parce qu'elle le souhaite, le veut, et aussi grâce à ces parties de son corps, l'ovocyte et l'utérus, métonymies d'elle-même[2] ». Toutefois, souligne-t-elle, « ces deux composantes matérielles nécessaires à faire une mère ne sont pas suffisantes pour que cette femme soit la mère » ; il faut faire advenir la femme qui pourra inscrire

---

1. Cette dernière expression est celle de la thérapeute belge Françoise Cailleau qui a écrit une thèse sur les mères porteuses : *D'une matrice à l'autre*, *op. cit.* L'autrice a beaucoup publié depuis sur le sujet.
2. Anne Cadoret, *Des parents comme les autres. Homosexualité et parenté*, Odile Jacob, nouvelle édition 2014.

l'enfant dans sa lignée et lui permettra, de par la loi, de dire « C'est mon enfant ». Dans le passé, ces trois composantes de la maternité se combinaient, on le sait, en une seule personne ; on sait que ce n'est plus le cas désormais dans l'ère post-FIV.

Pour ma part, j'ai depuis longtemps considéré que la maternité d'une femme devait être comprise comme étant étayée sur une histoire – histoire de sa culture, histoire de cette femme et de son corps – et sur tous les apprentissages de la féminité et les savoirs de la maternité qu'elle a pu avoir[1].

Revenant à la GPA dans ses différentes déclinaisons, j'ai remarqué que dans le don d'ovocytes le lien génétique était minimisé par les patients, tandis que le lien épigénétique, celui qui se tisse pendant la grossesse, était, lui, maximisé. À l'inverse de la GPA par FIV où les parents sont le plus souvent enclins à valoriser le lien génétique, minimisant du même coup les échanges épigénétiques entre les gestatrices et le fœtus pendant la grossesse. Mais les deux représentations, populaire et savante, coexistent au sein de notre société. La filiation est – faut-il le rappeler – une construction sociale d'un groupe appelé « famille » et non un lien corporel entre deux individus.

Ces lignes permettront, je pense, de mieux « lire » les histoires que je vais exposer.

---

1. Geneviève Delaisi de Parseval et Suzanne Lallemand, *L'Art d'accommoder les bébés*, Odile Jacob, 1998.

CHAPITRE 1

LA GPA DANS TOUS SES ÉTATS

Il existe peu – en France en tout cas – de récits d'histoires de GPA qui rendent compte du déroulé du scénario depuis la conception jusqu'à la naissance d'enfants devenus adultes. La raison vient de l'interdiction législative française qui a empêché la recherche ; les couples français qui y recourent ont fait des GPA à l'étranger, aux États-Unis et au Canada principalement. Et aussi de la difficulté de trouver des mères porteuses et des familles engagées dans ces procédures spécifiques de PMA. La collaboration entre universitaires (psychologues et anthropologues principalement) s'est donc avérée aussi précieuse qu'indispensable. Plusieurs d'entre eux ont accepté que je prolonge leurs recherches, ce qui permet d'allonger le recul porté sur ces histoires. Un élément d'appréciation majeur pour en apprécier le devenir de la GPA.

J'invite chacun à se forger son propre point de vue sur le sujet après avoir lu l'ensemble de ces histoires.

Je commence ce tableau en présentant en détail de nombreux cas qui relèvent d'indications classiques de

GPA comme, on l'a vu, une hystérectomie, un cancer de l'utérus, le syndrome MRKH, les indications masculines. Ce sont plusieurs histoires pour lesquelles je dispose d'un long recul et où j'ai pu m'entretenir avec les différents protagonistes de ces protocoles. Ces récits se sont déclinés sur une vingtaine d'années ; la plupart des participant(e)s ont eu des enfants, adolescents ou adultes maintenant.

L'histoire de la famille Salion

C'est l'histoire d'une maternité réussie en dépit d'une grossesse rendue impossible en raison d'une hystérectomie. J'ai revu cette personne vingt-cinq ans après le premier entretien.

M. et Mme Salion ont 3 enfants, un garçon âgé de 26 ans et des jumeaux (garçon et fille), âgés de 23 ans aujourd'hui, conçus par GPA aux États-Unis. En 1998, M. et Mme Salion sont parents d'un petit garçon de 2 ans quand je rencontre Mme Salion. Malheureusement, au cours d'un accouchement très compliqué pour une deuxième grossesse, une hystérectomie a dû être pratiquée (à la suite d'une hémorragie de la délivrance). Après un temps de deuil post-traumatique, ces parents ont tenté de faire une GPA en Grande-Bretagne, mais la loi a finalement décidé de réserver cette solution aux couples résidant dans le pays. Ils se sont rendus par la suite aux États-Unis et, grâce à une mère porteuse, ont pu avoir des enfants à partir d'embryons conçus par FIV avec leurs propres gamètes.

La filiation des jumeaux vis-à-vis de M. Salion n'a pas pu être établie tout de suite en France. M. était à l'époque, pour l'État français, le père légal des enfants dans la mesure où il est leur géniteur et qu'il les a reconnus avant la naissance (ils figurent sur son passeport). Mais Mme Salion n'avait alors aucun lien de filiation avec eux ; le fait qu'elle soit leur mère génétique et d'intention ne signifiant rien pour la loi française. Ainsi, leur fils aîné (12 ans en 2008) n'avait pas non plus de lien de fraternité avec son frère et sa sœur ; il figurait seul sur le fameux livret de famille. Heureusement, les 3 enfants portent le même nom. La situation a été, on s'en doute, très difficile à vivre. Les Salion trouvent particulièrement injuste que la loi française accepte et rembourse des frais médicaux liés à une FIV avec un don d'ovocytes ou de sperme – indications médicales « symétriques » de celle qui est liée à une absence d'utérus – et que cette même loi ostracise la GPA, surtout lorsqu'il s'agit de l'embryon du couple, ce qui était leur cas. Un jour où elle me montrait les photos de ses 3 enfants, Mme Salion disait : « Est-ce qu'ils ne se ressemblent pas ? » (ce qui sautait aux yeux). « Comment peut-on dire que la maternité, c'est le ventre ? » Le problème de « papiers » (filiation maternelle) s'est résolu au bout de quelque temps. Les jumeaux ont la double nationalité (droit du sol).

La manière dont ce couple a vécu la grossesse de Lilian, leur mère porteuse, est très intéressante, emblématique du lien entre les deux mères (j'emploie le terme de « mère », car Lilian est mère de ses propres enfants). Mme Salion avait téléphoné tous les jours à Lilian pendant la grossesse et l'équipe médicale de la clinique, touchée par cette histoire, a joué le jeu (ils se sont arrangés pour que Mme Salion puisse écouter à distance les battements cardiaques des bébés dès que cela a été possible). Mme Salion est venue dans la ville où vit Lilian quatre fois pendant la grossesse plus quelques jours avant l'accouchement. Les relations entre couples ont été très proches, même si elles se sont distendues au fil des vingt ans qui ont suivi, mais les nouvelles sont régulières. Leur fille aimerait connaître Lilian et ça se fera un jour (le prix du billet d'avion est un obstacle ainsi que l'avion en soi). Lilian a elle-même 2 enfants et a été une autre fois mère porteuse après les Salion. Militaire de carrière, sa philosophie est de *servir* (plusieurs de ses amies, militaires elles aussi, se sont engagées comme mères porteuses). Lilian n'est pas spécialement croyante. Elle a été dédommagée au tarif habituel dans leur communauté. Pour les enfants Salion, la GPA est désormais un non-sujet, leurs amis sont au courant, en ont parlé à l'école et la faculté. Il n'y a aucune ambiguïté sur l'identité de la mère (rappelons que ce sont les ovocytes de Mme Salion.) Cette histoire présente un autre élément particulièrement intéressant au regard de la définition même de « ce qui fait mère ». Mme Salion a en effet allaité ses jumeaux comme elle l'avait fait pour son fils aîné. Cela peut étonner, mais c'est pourtant une pratique non exceptionnelle dans les protocoles de GPA tant aux

États-Unis qu'au Canada. Les bases physiologiques sont les mêmes que celles de l'allaitement classique. Il s'agit essentiellement d'un réflexe neurovégétatif auto-entretenu par la tétée : plus l'enfant tète, plus la mère produit du lait. Notons qu'aux États-Unis et au Canada, cela se pratique également chez certaines mères adoptives : l'adoption se fait dans les jours qui suivent la naissance et il est d'autant plus facile pour la mère adoptive de démarrer tout de suite l'allaitement si elle le souhaite. Dans le cas de la GPA, la mère d'intention prépare ses glandes mammaires par une prise de médicaments appropriés quelques mois avant l'arrivée prévue du bébé, y ajoutant la stimulation d'un tire-lait. Souvent, au moment de la naissance, la gestatrice tire son lait pour le nouveau-né, lait que la mère d'intention va donner avec un « dispositif d'aide à l'allaitement » utilisé par exemple pour les prématurés ou encore pour donner un complément de lait. Cette dernière donne ensuite son propre lait tété par le nourrisson : l'allaitement s'enclenche. L'allaitement a été, dit Mme Salion, un facteur d'attachement très important.

Si cette histoire, mal partie au départ, s'est si bien passée, c'est grâce à l'intelligence de Mme Salion qui, outre son lien très fort avec sa gestatrice, a su fédérer les différents intervenants, particulièrement l'équipe de l'hôpital où a accouché Lilian. Son expérience de l'allaitement a été de plus fondamentale pour favoriser son attachement au nouveau-né. La génétique ne suffisait pas pour elle.

Il est intéressant de lire maintenant une histoire de GPA dans un cas d'hystérectomie également mais, cette fois, en la considérant à partir du point de vue de la mère porteuse.

L'histoire de Jane, deux fois mère gestationnelle[1]

Jane, jeune mère au foyer habitant dans l'Ontario, a longuement mûri son projet de GPA. L'histoire se passe en 1984. Elle a tout d'abord fondé sa propre famille et a eu 3 enfants avec son mari Roland. Puis, en 1988, son benjamin ayant 2 ans, elle demande une ligature des trompes, estimant qu'avec 3 enfants sa propre famille est complète. Si elle désire agir comme mère porteuse, c'est qu'elle pense avoir beaucoup reçu de la vie et qu'elle souhaite rendre service à d'autres moins comblés qu'elle dans leur existence familiale. De plus, Jane a des grossesses faciles et adore être enceinte, ce qui lui procure un sentiment de complétude ; elle apprécie aussi beaucoup l'attention que l'on porte aux femmes enceintes. Son mari Roland, tout en n'approuvant pas pleinement cette idée, la laisse néanmoins libre de faire ce qu'elle veut. Quant à ses parents, à qui elle parle également

1. Cité dans notre article Geneviève Delaisi de Parseval, Chantal Collard, « La gestation pour autrui. Un bricolage des représentations de la paternité et de la maternité euro-américaines », *L'Homme*, 2007, 183, p. 29-54.

de ce projet de gestation pour autrui, ils ne comprennent pas bien de quoi il s'agit et pensent qu'ils vont avoir ainsi d'autres petits-enfants (nous sommes à la fin des années 1980). Elle doit leur expliquer ce qu'est la GPA gestationnelle.

Jane s'inscrit peu de temps après dans une agence de GPA aux États-Unis parce qu'il n'y en a aucune dans son voisinage en Ontario à cette époque. Elle tombe rapidement enceinte de jumeaux (un garçon et une fille) à la suite du replacement de quatre embryons dans le cadre de la législation de l'Ontario. Cette première expérience se révèle néanmoins décevante, car le père d'intention la traite comme une employée, liée par contrat, et ne lui accorde pas suffisamment d'attention. Elle se venge en refusant qu'il soit présent dans la salle d'accouchement pour assister à la naissance de ses jumeaux, mais tolère la présence de sa femme. Jane suppose que les parents d'intention ont déménagé par la suite à l'étranger pour mettre plus de distance entre elle et eux, et surtout pour ne pas avoir à expliquer aux jumeaux et à leur entourage les circonstances particulières de leur venue au monde. Mise à mal par cette première expérience, elle entreprend une thérapie de six mois après la naissance des enfants.

Contactée quelques années plus tard par son gynécologue à Toronto, Jane accepte de rencontrer un jeune couple dont la femme a subi une hystérectomie lors de son premier accouchement, et qui souhaite ardemment donner un frère ou une sœur à leur fille. Touchée par leur histoire tragique, elle accepte de les aider. Trois embryons sont alors replacés. Dès qu'elle apprend qu'elle est de nouveau enceinte, Jane va déposer devant la porte des parents d'intention une corbeille contenant l'avis du résultat positif du test de grossesse, qu'elle accompagne du court message suivant : « *We are pregnant.* » [« Nous sommes enceint(e)s. »] Dans son ouvrage consacré à la gestation pour autrui, Elly Teman[1] souligne que l'identification à certaines caractéristiques de la mère porteuse évolue au fil de la grossesse pour revêtir la forme d'un ressenti d'un « corps à la fois unique et duel ». C'est ce que signifie aussi le « *We are pregnant* ».

Réflexion ô combien significative de la psychodynamique de la GPA – principalement une histoire de femmes. C'est un garçon qui s'annonce. Cette fois-ci, l'expérience de GPA se déroule à merveille et l'entente est sans nuages entre les deux familles qui suivent cette grossesse de près. Harry et Liz, les parents d'intention, sont présents à tous les rendez-vous chez le médecin. Roland, le mari de Jane, est devenu lui aussi très positif et coopératif, à tel point qu'elle parle de lui comme d'un *surrogate father* et de sa famille comme d'une *surrogate family*. Jane dit qu'elle n'a pas du tout vécu de la même façon ses propres maternités et ses GPA, ces dernières étant beaucoup moins intenses que les premières : par exemple, dit-elle, quand elle rêve de l'enfant porté, elle le voit avec ses parents, pas avec elle.

---

1. Elly Teman, *Birthing a Mother : The Surrogate Body and the Pregnant Self*, University of California Press, 2010.

Elle précise : « *I am only the guardian.* » [« Je ne suis que la gardienne. »] Néanmoins, c'est avec grande satisfaction qu'elle observe le bébé prospérer et faire des acrobaties dans son ventre. Lorsqu'elle accouche à l'hôpital, son mari, Roland, et les parents d'intention, Harry et Liz, sont tous à ses côtés. Son mari lui tient une jambe, Harry l'autre. Une infirmière donne des gants chirurgicaux à Liz pour qu'elle puisse toucher la tête du bébé qui apparaît et le recevoir à sa sortie. Puis Liz et Harry font une déclaration de *parentage*. On effectue par la suite des tests d'ADN qui confirment leurs dires. Notons que, en Ontario, seuls les noms des parents génétiques apparaissent sur l'acte de naissance de l'enfant. Les deux couples restent en contact depuis 1992 et, même s'ils se voient peu désormais, ils savent qu'ils peuvent toujours compter l'un sur l'autre et reprendre la conversation là où ils l'ont laissée.

Notons que Jane n'a jamais été marraine d'un des enfants qu'elle a portés (cas que l'on rencontre quand les couples s'entendent bien) et qu'aucun d'entre eux n'a reçu son prénom. Elle a par ailleurs donné trois fois ses ovocytes, mais affirme ne jamais s'être sentie prête à assumer une GPA traditionnelle quand la mère porteuse fournit aussi ses ovocytes. Néanmoins, forte de son expérience de gestatrice, elle est devenue directrice d'une agence de GPA dans laquelle ce sont les mères porteuses qui choisissent, dans une liste qu'on leur envoie, les couples qu'elles acceptent d'aider. Cette agence encourage par ailleurs l'allaitement des nouveau-nés par les mères d'intention[1]. Cette double histoire de GPA, l'une heureusement terminée, l'autre moins bien, est riche d'enseignements. Elle rend notamment compte du fait que la psychodynamique en jeu chez la gestatrice repose avant tout sur l'accueil, le soutien et l'empathie du couple des parents d'intention.

C'est ce que fait également apparaître l'étude majeure d'Elly Teman qui a conduit des entretiens approfondis avec nombre de mères d'intention et de gestatrices[2]. Elle a remarqué que les mères d'intention disent attendre leur enfant comme le ferait un père (un *expectant father*) dans les cas habituels, père qui voit avec un immense plaisir narcissique s'arrondir le ventre de sa compagne porteuse de son enfant que lui-même « porte » aussi souvent dans son corps à travers des symptômes de couvade[3]. Manifestations qui sont d'ailleurs similaires – c'est intéressant de le noter – à celles des mères d'intention qui prennent souvent plusieurs kilos, ont des nausées, des maux de dos, etc. Ce ressenti d'un corps fusionnel entre les deux mères est, en Israël, orchestré par les échographies prénatales où, dans un contexte qui encourage la GPA en l'encadrant, le corps médical accentue et légitime le fait que la future naissance est le fruit de la collaboration de deux femmes. Dans le

1. L'analyse a été publiée dans notre article « La gestation pour autrui. Un bricolage des représentations de la paternité et de la maternité euro-américaines », art. cit.
2. Elly Teman, « "Knowing" the surrogate body in Israel », in Rachel Cook, Shelley Day Sclater et Felicity Kaganas (dir.), *Surrogate Motherhood, International Perspectives*, Bloomsbury, 2009, p. 261-280.
3. Ce que j'ai moi-même analysé dans *La Part du père*, Seuil, « Points », 2004.

même sens, c'est dans ce pays la mère d'intention qui coupe le cordon à l'accouchement, et les deux mères reçoivent toutes les deux un bracelet de naissance identique avec le nom du nouveau-né (celui des parents d'intention)[1]. Elly Teman insiste sur le fait que tous les protagonistes de la GPA, médecins compris, œuvrent de concert, montrant par là la non-pertinence de l'opposition entre *une gestatrice enceinte mais non mère* et une mère qui n'a pas été enceinte.

Voici maintenant une histoire de GPA dans une autre indication médicale « classique » : un cancer utérin chez une femme jeune.

L'histoire du couple Vanier

J'avais rencontré pour la première fois Mme Vanier en 2007 ; elle m'avait été adressée par un service de cancérologie. Cette patiente était devenue stérile à la suite du traitement de chimiothérapie qu'elle avait subi quand avait été diagnostiqué un cancer de l'utérus ; ce peu après son mariage. Quelques années plus tard, alors âgée de 38 ans, considérée comme guérie, Mme Vanier a fait des FIV avec un don anonyme d'ovocytes. Les trois tentatives ayant échoué, le couple s'est résolu à recourir à une gestatrice (en Amérique du Nord) pour porter un embryon conçu

1. Il ne faut pas oublier que l'affiliation juive se fait par la mère dans le système de parenté en Israël.

par FIV avec le sperme de M. Vanier et l'ovocyte d'une donneuse non anonyme, pratique possible dans l'équipe de l'hôpital en Californie. C'était la seule solution envisageable pour que M. et Mme Vanier aient un enfant qui soit relié génétiquement à l'un des deux membres du couple : tel était en tout cas le désir de ces parents. La FIV a été couronnée de succès après deux essais : des jumeaux sont nés. Le vécu maternel de Mme Vanier a été étayé par une relation forte avec la gestatrice, Mary, caissière dans un supermarché voisin qui avait été plusieurs fois mère porteuse. Il a été également conforté par le fait que M. Vanier est un père complet[1] ; sa paternité présente une particularité classique d'une GPA avec don d'ovocytes, celle d'être « exprimée » par trois femmes : la donneuse Sally, la gestatrice, Mary, et sa propre épouse. Enfin, détail important, la gestatrice qu'ils appellent leur « nounou », Mary, est afro-américaine. Il est assez fréquent qu'il en soit ainsi dans les protocoles américains de GPA[2]. Mme Vanier, qui avait elle-même été élevée par une nounou noire (sa famille habitait « dans les îles »), avait été heureuse d'avoir été choisie par cette mère de famille qui avait été touchée par la survenue du cancer de cette personne au

1. Sur la notion de « père complet » comparé à un « père partiel », on peut se référer à l'article du psychanalyste américain Ken Corbett, « Le roman familial non traditionnel », *Revue française de psychanalyse*, 2003, 67, p. 197-218.
2. Selon l'anthropologue Helena Ragoné, 30 % des GPA gestationnelles impliquent des gestatrices qui viennent de groupes ethniques ou sociaux différents. Elle cite le cas d'une gestatrice afro-américaine et celui d'une mexico-américaine qui ont porté pour des couples japonais ; celui d'une euro-américaine qui a porté pour un couple taïwanais, etc. Les intéressés disent que c'est un élément facilitateur pour éviter que la gestatrice ne s'attache au bébé.

moment où celle-ci aurait pu devenir mère. Mary disait aussi apprécier la France, pays des droits de l'homme. Il n'y a aucun secret de famille sur le fait que Mme Vanier ait eu ses enfants par GPA : ce procédé a même été considéré par son entourage familial et amical comme un acte d'« héroïsme » et a été valorisé. Il existe en revanche un lourd secret vis-à-vis des enfants et de l'entourage concernant le recours à une donneuse d'ovocytes. Mme Vanier est troublée par ce secret ; son mari et elle pensent qu'un jour ou l'autre il faudra parler aux enfants du rôle qu'a joué Sally dans leur conception. Ils risquent en effet, craignent-ils, de l'apprendre fortuitement, par une indiscrétion ou par Sally elle-même... Comment le leur expliquer ? À quel âge ? Voudront-ils rencontrer Sally et ses enfants ?

Ces trois mères, Sally, la génétique, Mary, la gestatrice, et Mme Vanier, la mère d'intention, continuent à communiquer (les photos de Sally et de Mary figurent dans leur salle de bains à l'intention des enfants[1]). Cette famille va bien. Les jumeaux savent qu'ils ont été portés par une dame noire qu'ils voient de temps en temps ainsi que ses enfants. L'entente avait toujours été bonne entre le couple Vanier et les deux autres couples, celui de Mary et celui de Sally, ce dernier couple (celui de la donneuse d'ovocytes et de son mari) étant, précise-t-elle, issu d'un milieu socioculturel proche de celui des Vanier.

1. Les parents ont retiré la photo de Sally au bout de quelque temps, précise Mme Vanier.

Les choses se sont cependant compliquées plus tard. Les jumeaux Vanier avaient 8 ans lors de l'épisode que je vais relater. Il faut savoir que, dans le protocole de l'équipe américaine, les parents d'intention ont la possibilité de rencontrer la donneuse d'ovocytes, son mari et ses enfants, ce que le couple Vanier avait décidé de faire. Mais à la visite de Sally en France lors d'une fête d'anniversaire des enfants, Mme Vanier a ressenti des affects très ambivalents (pour ne pas dire davantage) quand Sally, admirant, plus qu'il n'aurait fallu sans doute, la couleur des yeux du petit garçon, avait également touché les cheveux de la petite fille, y reconnaissant, disait-elle, la qualité des siens. La fête d'anniversaire s'était mal terminée… Au bout de quelques années, les Vanier ont d'ailleurs cessé toute relation (même par e-mail) avec la famille de Sally. La fille aînée de Mary est en revanche venue un été en France comme baby-sitter des enfants.

Quelques années plus tard, j'ai consulté à mon tour Mme Vanier (ses enfants étaient adolescents) pour savoir comment, dans l'après-coup, elle avait analysé leur parcours de GPA.

Quand je lui ai demandé si son mari et elle regrettaient d'avoir voulu rencontrer la donneuse d'ovocytes, elle m'a donné une réponse nuancée qui me semble d'un grand intérêt vis-à-vis des questions que l'on s'est posées sur la levée de l'anonymat des donneurs de gamètes. On sait que la loi actuelle de bioéthique permet, à la demande des deux parties, une rencontre possible entre donneurs de sperme et parents, mais rien n'est dit sur le don d'ovocytes, sujet carrément « mis sous le tapis » en France alors qu'on voit ici son importance.

Mme Vanier insiste sur le fait que, pour son mari et elle-même, le choix essentiel avait été de connaître les antécédents médicaux et familiaux de la donneuse. Au détriment de l'anonymat. Ou qu'il ait été possible de faire sa connaissance, ce qu'ils avaient choisi de faire. Mais ils auraient dû, dit-elle, se contenter de la rencontrer une fois à l'hôpital en présence de la *social worker*. Alors qu'ils étaient engagés dans une relation amicale avec elle et son mari, ce qui était trop, on le verra. Le problème avec Sally, disait-elle, c'est que cette dernière « s'était crue de la famille[1] ». Elle était même venue avec son propre père, fière de lui montrer sa descendance !

« Cela n'a pourtant pas empêché Sally d'avoir un autre enfant après le don », « ce qui aurait dû pourtant lui suffire ! », avait ajouté Mme Vanier. Une réflexion non dénuée d'agressivité..., un sentiment que cette dernière avait elle-même analysé quand elle s'était reproché d'avoir noué des relations trop proches avec Sally et son mari[2].

Cette dernière remarque souligne un malentendu que l'on rencontre parfois entre mères porteuses et parents

1. Représentation emblématique des liens du sang aux États-Unis comme marqueurs du « faire famille ».
2. Ce texte est un extrait d'une conférence prononcée au Grand Orient de France en 2005. La publication scientifique se trouve dans mon article « To FIV or not to FIV : la gestation pour autrui, future indication d'assistance médicale à la procréation ? » déjà cité.

d'intention : car « faire partie de la famille » est en réalité un fantasme qui n'est pas forcément partagé. C'est plutôt celui de « faire équipe » qui domine (voir *infra* le questionnaire de l'Américaine Shannon). On le rencontre cependant ici et là, surtout entre des couples qui ont noué des liens forts (notamment dans la GPA relationnelle). Dans le cas des Vanier, leur proximité était sans doute seulement occasionnelle (une rencontre au sein de la clinique avec un professionnel) ; rencontre qui s'est prolongée peut-être un peu trop vite à partir d'une mutuelle sympathie entre les couples.

L'histoire du couple Mennesson[1]

Cette histoire raconte une maternité réussie en dépit du syndrome MRKH.

J'avais rencontré pour la première fois Sylvie Mennesson, mariée à Dominique Mennesson, il y a vingt-cinq ans environ au cours d'une réunion avec une association. Elle m'a raconté comment elle avait appris à près de 40 ans qu'elle était atteinte du syndrome MRKH et que, dépourvue d'utérus depuis la naissance (malformation congénitale), elle ne pourrait pas porter d'enfant. Sylvie Mennesson avait été très malheureuse à l'idée de perdre l'homme de sa vie, qu'elle venait de rencontrer et qui

1. J'utilise le vrai nom de ce couple, avec son autorisation.

désirait ardemment avoir des enfants avec elle. Mais le couple, très soudé, s'est battu avec une énergie fantastique et a exploré la solution GPA (pas évidente à l'époque !). Ils ont découvert une agence de mères porteuses en Californie et ont pris contact avec une personne, Diana, une ancienne gestatrice qui dirigeait l'agence et leur a présenté Mary, celle qui allait porter leurs enfants.

Les premières années après leur retour en France ont été marquées par une bagarre juridique avec l'État français qui refusait de reconnaître leur parenté légale et leur déniait la possibilité de transcrire l'acte de naissance américain originel qui pourtant les désignait comme les seuls parents. Ils ont gagné au bout de dix-neuf années et de nombreux procès dont cinq en Cour de cassation et deux en Cour européenne des droits de l'homme, créant ainsi une jurisprudence aujourd'hui encore très suivie.

J'ai eu l'opportunité, en 2005, de rencontrer plusieurs fois Mary, leur mère porteuse, à l'occasion de sa venue en France[1]. Une rencontre très intéressante, unique en apparence (pas tant que ça en réalité dans la mesure où elle est emblématique de nombre de récits de mères porteuses). Mary avait un peu moins d'une quarantaine d'années à l'époque, avenante, sympathique, très américaine. Elle avait 4 enfants de 22 à 8 ans de deux pères différents. Divorcée

1. Nombre de mères porteuses se prénomment Mary. Est-ce un hasard ? ou n'est-ce pas un écho à la vierge Marie ? Écho surinterprété (après ses propres parents) par la gestatrice dans un contexte d'une Amérique très religieuse ? Certaines mères porteuses se comparent à la vierge Marie (enfant conçu sans sexualité pour le bien de l'humanité).

de son second mari, elle vivait désormais avec un autre homme.

Avant de s'engager avec les Mennesson, Mary avait fait un essai (deux FIV) pour un couple japonais, mais ça n'avait pas marché et elle s'était sentie très coupable. Tous ses enfants sont nés par césarienne, ce qui n'avait posé de problème à personne (y compris à l'obstétricien !). Deux ans avant notre rencontre, elle avait eu une hystérectomie (elle le regrettait, car elle aurait aimé recommencer). Dans son histoire personnelle, je note qu'elle a été adoptée à la naissance. Sa mère adoptive a accouché sous son nom, mais ses parents avaient recueilli cette jeune fille enceinte et l'ont gardée chez eux par la suite. Sa mère de naissance avait renoncé à ses droits parentaux avant la naissance comme elle l'a fait elle-même pour les Mennesson (*pre-birth order*). Elle n'a jamais eu d'information sur son histoire au-delà de sa mère elle-même, sauf qu'elle avait un frère dans la même situation. C'est un sujet tabou, peu de gens sont au courant. Dans un mouvement de dénégation, Mary considère que ses parents sont ses parents, elle raconte leurs origines comme les siennes. Elle se souvient des fausses couches de sa mère adoptive et a toujours pensé que si elle pouvait faire quelque chose pour les femmes qui ne peuvent avoir d'enfants elle le ferait[1]. Le dédommagement financier vient en deuxième position dans son geste : elle considère que

1. Ce qui montre une fois de plus la force d'une solidarité entre femmes dans la GPA, voir les travaux de l'anthropologue Elly Teman déjà cités.

20 000 dollars c'est correct (surtout que c'était en 2000) (« Pas de quoi s'acheter une maison », dit-elle). Elle a une carte de donneur d'organe (c'est noté sur son permis de conduire), elle donne du sang, de « l'oreille » (du temps donné aux autres), elle aime faire plaisir, se sent quelqu'un de bien ainsi. Ce geste n'avait pas posé de problème à son mari, il disait que c'était son affaire. Tout avait été bien réfléchi, ses enfants étaient également d'accord. Plus tard, Mary a créé une agence en Californie où elle a notamment organisé des groupes de parole une fois par mois, et pour les gestatrices et pour les donneuses d'ovocytes. Elle considère que la médiation est très importante ainsi que le soutien des mères porteuses entre elles.

Elle n'a pas eu de dépression du post-partum, pas de regrets non plus. Dans le cadre de son agence, elle remarque que les nouvelles des bébés sont bienvenues pour toutes les mères porteuses et la majorité d'entre elles en reçoivent. Elle-même a travaillé presque jusqu'au bout de sa grossesse ; elle était heureuse que ce soit une grossesse gémellaire, car elle l'avait toujours souhaité pour elle. Elle et ses enfants ont une relation très forte avec les Mennesson et leurs enfants (à Paris, ils ont passé il y a quelque temps les vacances de la Toussaint ensemble). Cette relation s'est poursuivie tout au long des années qui ont suivi, jusqu'à aujourd'hui où Mary a déménagé en Floride et a créé une autre agence. Les enfants respectifs se voient souvent (les Mennesson sont venus voir la famille de Mary régulièrement pendant toute l'enfance de leurs filles et continuent à venir passer du temps en Floride.) Ils ont participé au mariage de l'une des filles de Mary, Sarah, aujourd'hui maman de jumeaux.

J'ai également rencontré des années plus tard une personne qui a une grande importance dans leur histoire : la donneuse d'ovocytes (une amie de Sylvie Mennesson), Sally, célibataire au moment du don, puis mariée avec quelqu'un qui, au départ, ne voulait pas d'enfant, elle non plus d'ailleurs. Mais il se trouve que la FIV a donné plus d'une dizaine d'embryons de très bonne qualité, ce qui lui a peut-être donné l'envie de procréer (ce qu'elle a fait un peu plus tard avec son mari). Elle est eurasienne et des caractéristiques asiatiques se retrouvent chez les jeunes filles ; son propre fils a un air de famille avec les jumelles (« air de famille » totalement mis sous le boisseau). Sally me dit qu'à l'époque elle avait donné des ovocytes pour rendre service à son amie sans du tout réfléchir à la suite, et bien sûr sans vouloir de contrepartie financière. Quand j'évoque par exemple le tabou de l'inceste entre demi-frère et sœur (son fils a à peu près le même âge que les jumelles Mennesson), elle me dit qu'elle n'y avait jamais pensé (ils ne se fréquentent pas entre eux, se connaissent à peine, ce qui tombe bien). Elle voit régulièrement Sylvie Mennesson seule mais aussi (plus rarement) avec ses filles, leur amitié reste très forte après toutes ces années. Est-ce le don d'ovocytes qui maintient ce lien ? Ou est-ce sans rapport ? La question reste ouverte. Selon Sylvie, c'est leur amitié initiale qui persiste, mais leurs liens se sont renforcés du fait de cette aventure exceptionnelle de don qu'elles ont vécu en commun.

La question des embryons congelés (ils ont plusieurs embryons dits « surnuméraires ») a été compliquée pour les Mennesson : ils ont essayé d'avoir un troisième enfant quelques années plus tard, mais ont dû y renoncer faute de financement, mais surtout faute d'avoir trouvé la bonne personne qui serait à la hauteur de Mary ; enfin, à cause de l'acharnement de la justice française à leur encontre. Ils ne voulaient pas détruire ces embryons ni les donner de manière anonyme ; ils ont attendu encore quelques années avant de renoncer définitivement à les utiliser pour eux-mêmes et de décider de les confier à une clinique qui les donnerait à d'autres couples infertiles, avec leur accord respectif préalable.

Notons que si leur histoire personnelle s'est bien arrangée d'un point de vue juridique, ce n'est pas forcément le cas pour d'autres parents qui sont soumis aux blocages de l'administration qui contraignent les parents à passer par une procédure en justice pour obtenir l'*exequatur* des jugements étrangers.

Leur histoire qui se déroule sur vingt-cinq ans s'est remarquablement nouée autour d'une relation proche (de confiance puis d'amitié) entre tous les protagonistes. Remarquons qu'il n'a pas existé de lien entre la donneuse d'ovocytes, Sally, et Mary la mère porteuse (elles ne se connaissent pas).

Je me suis enfin entretenue avec leurs deux filles qui ont 23 ans maintenant. Jeunes femmes épanouies l'une et l'autre qui ont des activités très différentes (l'une vit en Californie, l'autre est artiste et vit à Paris.) Elles ont souvent témoigné de leur histoire et ont écrit chacune un livre[1]. Avec d'autres jeunes adultes conçus eux aussi après une GPA, elles ont écrit des tribunes.

Tribune
Nous sommes les enfants nés par GPA devenus adultes et nous en sommes fiers[2]

Le premier bébé né par gestation pour autrui a vu le jour en 1986 en Californie, et nombreux ont été les détracteurs qui ont prédit les pires malheurs pour les enfants nés de la sorte. Mais dès la parution des premiers témoignages des personnes concernées en 1999, ce sont des récits positifs qui ont émergé. Nous, adultes nés par gestation pour autrui, avons maintes fois répondu aux questions sur notre bien-être et nos éventuelles particularités. Sans exception, nous nous reconnaissons dans l'idée que la GPA, aussi miraculeuse et incroyable qu'elle soit, est aussi quelque chose de complètement simple et pas un secret ni un tabou. C'est une part de nous aussi ordinaire que la couleur de nos cheveux, quelque chose qui a toujours été avec nous. Une question qui revient souvent est : « Quand avez-vous appris que vous étiez né par GPA ? », mais on ne peut pas apprendre ce que l'on sait déjà depuis toujours. Il n'y a pas d'« avant » ou d'« après », car la GPA fait partie intégrante de l'histoire de notre naissance. On la

1. Valentina Mennesson, *Moi, Valentina, née par GPA*, Michalon, 2019.
2. Avec l'autorisation des personnes concernées.

retrouve dans les photos, dans les papiers d'identité, dans les histoires qui nous ont d'abord été racontées par nos parents et qu'à notre tour nous racontons, quand le moment vient. Mais, honnêtement, ce moment ne vient pas souvent. Les gens ne discutent que rarement de la façon dont ils sont nés, et même quand le sujet est abordé, il est toujours accueilli avec intérêt, bienveillance, une brève curiosité et, au pire, de l'indifférence. Contrairement à la panique morale que les détracteurs de la GPA veulent créer, la grande majorité des personnes est favorable à la GPA. Ils ne se sentent pas menacés par les progrès des technologies de reproduction médicalement assistée et soutiennent même la parenté pour tous et la reconnaissance des filiations, surtout en vue de l'intérêt supérieur de l'enfant. Comme le traduisent nos témoignages, ce n'est pas la GPA en elle-même qui pose problème dans nos vies, bien au contraire. C'est voir nos expériences déformées, instrumentalisées et utilisées pour diffuser des informations haineuses et mensongères qui est insupportable.

En tant qu'enfants devenus adultes nés par gestation pour autrui, nous pouvons parler pour nous-mêmes et déclarer : « Écoutez-nous, faites de la place pour nous, donnez-nous la parole ! » Nos témoignages sont là pour attester du bonheur simple d'exister auprès de parents aimants, et grâce à un réseau de personnes humaines et admirables, en premier lieu nos gestatrices, avec qui nos liens s'étendent bien au-delà de notre naissance. Car si notre façon de naître ne nous définit pas, l'histoire que nous écrivons chaque jour le fait : nos accomplissements sont des victoires quotidiennes sur les prédictions établies par nos détracteurs, et prouvent bien que l'amour triomphera toujours de la haine et de l'ignorance. Quand nous partageons nos histoires, nous le faisons aussi avec espoir : l'espoir d'inspirer un enfant né comme nous, l'espoir de motiver une personne souffrant d'infertilité, l'espoir d'éduquer un peu plus quelqu'un qui ne connaît pas trop le sujet. La gestation pour autrui, telle que nous la connaissons et telle que nous la vivons, est quelque chose d'incroyable et remplie d'amour, et nos vies tout à fait normales et épanouies en sont la preuve éclatante (signée par une quinzaine de jeunes adultes).

C'est, bien sûr, une tribune militante. Mais il se trouve qu'elle va dans le même sens que celui de plusieurs jeunes adultes que j'ai rencontrés (voir par exemple *supra* l'histoire des jumeaux Salion et *infra* l'histoire d'Isaac, 23 ans, fils de José), et d'autres.

Dix regards sur des mères porteuses américaines et une anglaise

Les cas cliniques que je vais citer maintenant constituent un prolongement de la recherche d'une collègue psychologue clinicienne, Ellen Schenkel, qui a étudié avec le docteur Serge Tisseron, psychiatre, la clinique de la GPA il y a une vingtaine d'années. J'ai pu reprendre et prolonger leur travail – avec leur accord dont je les remercie – et me suis entretenue avec les différents protagonistes de cette étude sur le long terme, ce qui comprend en l'espèce les enfants conçus par GPA. Inutile de préciser que ce corpus de données est rare.

Ellen Schenkel fait un bilan de sa recherche antérieure.

En 2013, à la suite d'un projet initial, j'ai mené une recherche sous la direction du docteur Serge Tisseron. Nous avons constitué un groupe de mères porteuses de pays dits « développés » afin de mener une enquête plus large, statistiquement significative. Nous avons construit, avec Serge Tisseron, un protocole qui cherchait à évaluer l'empathie des mères porteuses, leur anxiété et dépression éventuelle. Nous avons ajouté à cela un test de désirabilité sociale (un besoin de reconnaissance sociale) afin d'être sûrs que les réponses n'étaient pas dues au hasard. Pour obtenir un échantillon suffisant de mères porteuses, j'ai contacté des agences et des professionnels des pays européens cités plus haut, sauf la France bien entendu qui n'autorise pas la gestation pour autrui. À chaque mère porteuse volontaire pour participer, j'ai envoyé les échelles à remplir ainsi que des questions plus générales sur leur âge, situation, famille, etc. Celles qui étaient en cours de grossesse pour autrui recevaient en plus un test d'attachement au fœtus, elles furent 11. Concomitamment, j'ai constitué un groupe « contrôle », de mères lambda afin de comparer les résultats avec les mères porteuses. À ces femmes j'ai envoyé les mêmes échelles, le même consentement.

Les résultats de cette recherche quantitative furent les suivants : au niveau descriptif nous avions 44 mères porteuses (28 gestationnelles, avec un don d'ovocytes, 16 traditionnelles, avec leur propre ovocyte), 8 ayant fait les deux procédures (avec leur propre ovocyte et avec don). Il y avait 3 mères porteuses européennes, 22 Américaines, 1 Canadienne, 2 Australiennes. Leur âge au moment de la GPA était compris entre 22 et 40 ans, la majorité des mères porteuses ayant utilisé leur propre ovocyte étaient plus jeunes (26-30 ans) alors que la majorité de celles ayant utilisé un don d'ovocytes avait entre 31 et 35 ans.

91 enfants sont nés de ces grossesses pour autrui dont 11 jumeaux. La grande majorité de ces mères porteuses avaient déjà entre 2 et 3 enfants. 14 des enfants nés par mères porteuses avaient des parents homosexuels, les autres étaient des parents hétérosexuels. Suivant le groupe dans lequel elles étaient (mère porteuse avec ou sans don d'ovocytes), elles souhaitent réitérer l'expérience entre 70 et 94 %.

Le groupe contrôle était constitué de mères françaises et luxembourgeoises ayant eu au moins 1 enfant, elles avaient entre 20 et 35 ans, la grande majorité entre 26 et 30 ans. Elles avaient eu 1 enfant (50 %), 2 (10 %) et plus (6 %).

Les résultats les plus importants pour les *mères porteuses gestationnelles* portaient sur les deux échelles cognitives. Le plus intéressant est le fait que ces mères porteuses sont, on le verra, beaucoup moins impactées par la détresse d'autrui, ce qui leur permet d'aider des personnes en difficulté sans se sentir envahies. Elles sont également moins déprimées et anxieuses que la population générale.

Les résultats au test de désirabilité sociale ont montré des chiffres plus élevés que la norme, ce qui laisserait penser qu'elles ont besoin de reconnaissance sociale. Celles qui étaient enceintes avaient des scores d'attachement au fœtus légèrement plus bas que la population générale.

Les résultats des *mères porteuses traditionnelles* (MPA) étaient relativement comparables au groupe de mères gestationnelles avec la différence que les Européennes avaient des résultats plus bas que les Anglo-Saxonnes, ce que nous avons compris comme un effet de l'environnement qui est plus favorable à la GPA dans ces pays.

Cette recherche[1] a démontré statistiquement que :

– les mères porteuses sont moins déprimées que la population générale ;
– elles sont moins affectées par la détresse d'autrui ;
– elles souhaitent réitérer l'expérience de GPA ;
– la perte d'un proche – pas de leur propre enfant – compte pour (33 à 44 %) dans la décision de faire une GPA ;
– elles sont légèrement moins attachées au fœtus.

J'ai repris cette recherche et envoyé un questionnaire à toutes les mères porteuses que mes collègues avaient vues ou écoutées quinze ans ou plus auparavant. Plusieurs ont répondu.

Voici les réponses des mères porteuses au questionnaire envoyé en 2023-2024.

1. Cette recherche a été pour partie publiée : Ellen Shenkel, Luis Mazzucca, Serge Tisseron, Todd Pizitz, « A cross-cultural study on surrogate mothers's empathy and maternal-fœtal attachment », *Women and Birth*, 2015, 28 (1), p. 154-159.

Shannon, Américaine de Californie

Quel âge aviez-vous lors de (vos) GPA ?

Lors de ma première gestation pour autrui, j'avais 34 ans lorsque je suis tombée enceinte et 35 ans lorsque j'ai accouché. Pour la deuxième, j'ai 36 ans et j'en aurai 37 lorsque j'accoucherai.

Avez-vous des enfants ?

Oui, j'ai un fils. Il a 5 ans.

Vous attendiez-vous à des enfants uniques ou à des jumeaux (ou plus) dans le cadre de la GPA ?

Nous avons convenu à l'avance de ne pas transférer plus de deux embryons, quelle que soit leur qualité. Je ne voulais pas prendre le risque de multiplier les embryons. Nous avons convenu de réduire le nombre d'embryons s'il y avait plus que deux bébés en raison des risques pour la santé des bébés et la mienne. Heureusement, cette question ne s'est pas posée. Nous avons minimisé le risque en ne transférant que deux embryons, mais nous savions qu'il y avait toujours un risque d'en avoir plus. Je m'attendais à porter un ou deux bébés. La première fois, deux embryons ont été transférés et j'ai eu un bébé unique en bonne santé et à terme.

L'avez-vous fait pour des couples hétérosexuels ou homosexuels ?

Je ne travaille qu'avec des couples hétérosexuels mariés.

S'agissait-il de mères porteuses traditionnelles ou avez-vous eu recours à la FIV ?

Je suis seulement une mère porteuse gestationnelle. L'ovule a été prélevé sur la mère, le sperme sur le père. Ils ont créé les embryons et m'en ont transféré deux par FIV.

Le ferez-vous à nouveau ?

Je le ferai une dernière fois pour le même couple. J'aurai alors 37 ans. Je ne ressens pas le besoin de poursuivre une troisième fois. Je ne suis pas sûre que j'aurais trouvé une autre famille avec laquelle travailler si la première famille ne m'avait pas demandé de recommencer. C'était une si bonne expérience que je ne pouvais pas imaginer avoir la chance de trouver une famille aussi parfaite une deuxième fois.

Où en êtes-vous dans votre grossesse si vous êtes enceinte ?

Actuellement, je me prépare pour une date de transfert. Je ne suis pas enceinte pour le moment.

Avez-vous perdu un proche dans votre famille avant de décider d'être mère porteuse ?

Non. Cela n'a rien à voir avec ma décision. Je voulais être mère porteuse depuis l'âge de 20 ans.

Vos parents ont-ils perdu un proche avant votre naissance ou après ?

Pas à ma connaissance.

Karen, Américaine du Connecticut

Quel âge aviez-vous lors de votre (vos) gestation(s) pour autrui ?

29 et 31 ans.

Avez-vous des enfants ?

Oui 3, âgés de 11, 8, 5 ans.

Attendiez-vous des enfants uniques ou des jumeaux lors de vos expériences de mère porteuse ?

Des enfants uniques.

S'agissait-il d'une gestation pour autrui (traditionnelle) ou d'une gestation pour autrui (GPA) ?

Traditionnelle les deux fois (MPA).

Le ferez-vous à nouveau ?

Oui.

Avez-vous été mère porteuse pour un couple hétérosexuel ou homosexuel ?

Les deux pour des hétérosexuels, la prochaine fois pour des homosexuels.

Avez-vous perdu un être cher/proche dans votre famille avant de décider de devenir mère porteuse ?

Non.

Vos parents ont-ils perdu un proche avant votre naissance ?

Non.

J'ai cru comprendre que vous n'êtes pas encore enceinte par GPA ?

C'est exact j'ai eu deux grossesses traditionnelles sans problème ; mais maintenant je veux faire des GPA par FIV et je prépare mon dossier médical pour cela.

Monica, Américaine de Californie

J'ai eu 2 enfants avant mes deux GPA.

Avez-vous gardé des contacts avec les parents d'intention ? Avec l'enfant né au cours d'une GPA ?

Oui, avec chacun d'entre eux.

Comment s'est déroulée votre grossesse de mère porteuse par rapport à votre propre grossesse ?

Elles ont été similaires.

Avez-vous eu le sentiment de faire partie d'une « famille » avec les parents d'intention ?

Oui.

Pensez-vous aujourd'hui à la gestation pour autrui que vous avez vécue ? À quelle fréquence ?

J'y pense souvent, d'autant que deux des garçons que j'ai conçus par GPA ont des parents qui sont sur les réseaux sociaux.

Pensez-vous au bébé (à l'enfant ou à l'adolescent actuel) de temps en temps ?

Oui.

L'imaginez-vous avec ses parents ?

Oui, mais je sais qu'ils sont tous heureux.

Danielle, Américaine de Floride

J'ai été trois fois mère porteuse. J'avais 32, 38 et 40 ans.

Avez-vous des enfants ?

J'ai 2 enfants de 22 et 17 ans.

Vous attendiez-vous à des enfants uniques ou à des jumeaux (ou plus) lors de vos expériences de mère porteuse ?

La première fois j'ai eu des jumeaux (trois embryons congelés avaient été transférés).

La deuxième fois j'ai eu un enfant unique (deux embryons frais avaient été transférés).

La troisième fois j'ai eu un enfant unique.

Pensez-vous de temps en temps aux adolescents qu'ils sont devenus ?

Oui.

Jenny, Américaine du Connecticut

J'ai été trois fois mère porteuse.

L'avez-vous fait pour des couples hétérosexuels ou homosexuels ?

Tous hétérosexuels, bien que l'on m'ait proposé un couple d'hommes homosexuels, mais cela a échoué pour des raisons financières.

Avez-vous eu recours à la fécondation in vitro *?*

Oui, j'ai été une mère porteuse gestationnelle (FIV).

Le ferez-vous à nouveau ?

Je ne pense pas que je le referai. La dernière grossesse a été difficile.

Où en êtes-vous dans votre grossesse (si vous êtes enceinte) ?

J'ai accouché il y a cinq semaines.

Avez-vous perdu un proche dans votre famille avant de décider de faire appel à une mère porteuse ?

Non.

Est-ce que vos parents ont perdu un proche dans leur famille avant votre naissance ou après ?

Non.

Corinne, Américaine du Texas

Quel âge aviez-vous lorsque vous avez été mère porteuse ?

J'avais 38 ans pour ma première, 40 ans pour ma deuxième, 41 ans pour ma troisième, 42 ans pour ma quatrième, 43 ans pour ma cinquième et j'ai 44 ans et j'en suis à ma sixième et dernière maternité pour autrui. J'aurai 45 ans environ 6 semaines après la naissance de ce bébé.

Avez-vous des enfants ?

J'ai 5 enfants. Je vis au Texas et la loi de l'État exige qu'une mère porteuse ait donné naissance à au moins un enfant (et qu'elle l'élève ou l'ait déjà élevé). La plupart des États américains, si ce n'est tous, ont la même exigence. J'ai terminé de construire ma propre famille avant de me lancer dans la maternité de substitution, de sorte que si quelque chose devait arriver (comme une perte de fertilité), cela n'aurait pas d'impact sur ma famille.

Vous attendiez-vous à des enfants uniques ou à des jumeaux (ou plus) lors de vos expériences de mère porteuse ?

Dans chaque cas, nous avons transféré deux embryons. Les médecins spécialistes de la fertilité espèrent qu'il en résultera un seul bébé en bonne santé, mais dans chaque cas, je me suis préparée à avoir des jumeaux, juste au cas où. Mon premier transfert a abouti à des jumeaux, mon deuxième et mon troisième à des singletons (un seul fœtus), mon cinquième à des jumeaux et mon sixième a commencé par des jumeaux, mais s'est réduit naturellement à un seul.

L'avez-vous fait pour des couples hétérosexuels ou homosexuels ?

Le Texas est un État très conservateur et les contrats signés entre un porteur et un couple homosexuel risquent de ne pas tenir devant un tribunal. Je n'ai porté que pour des couples hétérosexuels, ce qui est également ma préférence personnelle.

Avez-vous fait une MPA ou une GPA par FIV ?

J'ai eu recours à la FIV : nous avons utilisé les ovules de la mère et le sperme du père. Je suis seulement mère porteuse gestationnelle, donc aucun ADN du bébé n'est le mien.

Recommencerez-vous ?

C'est la dernière fois que je me lance comme mère porteuse. Je l'ai déjà fait six fois et j'ai donné naissance à de nombreux enfants ! De nombreuses cliniques refusent de travailler avec des mères porteuses âgées de plus de 40 ans. On m'a fait grâce parce que je n'ai jamais eu de transfert qui se soit mal passé. Même si une clinique voulait retravailler avec moi je ne le ferais pas. Je dois me concentrer sur d'autres choses maintenant.

Où en êtes-vous dans votre grossesse ?

Je suis maintenant enceinte de près de 38 semaines. Nous allons déclencher l'accouchement le 9 juin.

Avez-vous perdu un proche dans votre famille avant de décider d'être mère porteuse ?

Non.

Vos parents ont-ils perdu un proche ou un membre de leur famille avant votre naissance ou après ?

Non.

Emma, Américaine du Connecticut

Quel âge aviez-vous lors de vos GPA ?

37, 39, 41 ans.

Avez-vous des enfants ?

Oui, 3.

Attendiez-vous des enfants uniques ou des jumeaux (ou plus) lors de vos expériences de mère porteuse ?

Une fois des jumeaux et 2 enfants uniques.

S'agissait-il d'une gestation pour autrui (traditionnelle) ou d'une gestation pour autrui (GPA) ?

Les jumeaux ont été obtenus par FIV (gestationnelle), les enfants uniques ont été obtenus par la méthode traditionnelle (MPA).

Le feriez-vous à nouveau ?

Non, mais uniquement pour des raisons de santé. Sinon, je le ferais encore jusqu'à 60 ans !

Avez-vous été mère porteuse pour un couple hétérosexuel ou homosexuel ?

Tous les couples étaient hétérosexuels.

Où en êtes-vous dans votre grossesse (si vous êtes enceinte) ?

Pas encore enceinte.

Avez-vous perdu un être cher/proche dans votre famille avant de décider d'être mère porteuse ?

Non.

Amanda, Américaine de Californie

J'ai un fils âgé de 24 ans.

Avez-vous gardé des contacts avec les parents d'intention ? Avec l'enfant né au cours de votre expérience de GPA ?

Oui, mais uniquement parce que cela a été convenu au préalable. Seulement des photos.

Comment s'est déroulée votre grossesse de mère porteuse par rapport à votre propre grossesse ?

J'ai toujours été détachée de mon enfant même vingt-quatre ans après sa naissance… comme c'est le cas pour les enfants nés par GPA.

Avez-vous eu le sentiment de faire partie d'une « famille » avec les parents d'intention ?

J'ai eu l'impression de faire partie de leur famille pendant la grossesse, mais une fois l'enfant né, les mères porteuses sont mises de côté.

Pensez-vous aujourd'hui à votre ancienne expérience de GPA ? À quelle fréquence ?

J'y pense régulièrement. Pas trop souvent, mais certainement aux anniversaires et à Noël.

Pensez-vous de temps en temps au bébé ou à l'enfant ou à l'adolescent actuel ?

Parfois.

L'imaginez-vous avec ses parents ?

Non.

Jo, Anglaise

J'ai 3 enfants qui avaient 7, 5 et 2 ans au moment de la GPA il y a quinze ans.

Gardez-vous contact avec les parents d'intention ?

Oui, on s'appelle régulièrement, la mère d'intention m'envoie des fleurs parfois. On ne s'est pas vues récemment, car elle a déménagé et que c'est compliqué. Je n'ai pas gardé contact avec le père, car ils ont divorcé lorsque le bébé avait 2 ans ; je ne parle pas directement à Natacha (la petite fille née par gestation pour autrui), mais elle m'a envoyé des objets qu'elle a fabriqués. Elle a eu 15 ans en octobre 2024. Je reçois des nouvelles régulièrement par sa mère.

En quoi cette grossesse était-elle différente des vôtres ?

C'était différent car j'avais déjà 3 enfants, j'avais 38 ans, ils avaient alors 7, 5 et 2 ans. Je sentais un « détachement sain » de cette grossesse. J'étais heureuse de sentir les mouvements du bébé, mais c'était surtout pour les parents. Je dirais qu'à part ce détachement et la fatigue c'étaient les seules différences. L'accouchement a été dur même si Natacha était la plus légère en poids que mes propres des enfants. Je pensais que ce serait facile puisque c'était mon quatrième accouchement, mais non. Je me souviens qu'à la première échographie je m'inquiétais de voir le bébé sur l'écran et que je risquais de m'attacher, mais non et j'ai été très rassurée. Les deux parents étaient là, j'étais très heureuse pour eux. Je regardais surtout leur réaction, leurs visages, le fait de voir leur excitation et leur bonheur sur leurs visages.

Vous sentez-vous faire partie d'une grande famille ?

Non, nous étions une « équipe » plus qu'une famille. La mère d'intention était très présente et m'a beaucoup aidée pendant la grossesse. Elle est venue faire des courses, du ménage. Elle était super avec ma fille et j'étais rassurée pour son futur enfant. Ma dernière fille a d'ailleurs un lien particulier avec elle, elle n'avait que 2 ans à l'époque. Elle est devenue « la mère » dans ma maison et j'ai pu aller passer du temps auprès de mon père qui était loin de chez moi.

Pensez-vous à la GPA ?

Oui, j'y pense régulièrement, pas avec la même intensité qu'avant. C'est toujours la chose dont je suis la plus fière. Tout le monde ne peut pas le faire ni ne le fera et je sens une connexion spéciale avec mes « sœurs de GPA ». Je pense qu'il y a un sentiment d'empathie que nous partageons. Je me suis fait beaucoup d'amis dans ce milieu. J'y pense, c'est vrai. C'est toujours mon sujet préféré, j'adore en parler. J'ai une amie qui a fait 5 GPA pour des couples homosexuels, je suis très fière d'elle (elle avait 4 enfants elle-même).

Imaginez-vous l'enfant né par GPA avec ses parents ?

Je n'ai pas tellement pensé à eux après la naissance. Le premier anniversaire, je l'ai souhaité mais je les laisse vivre leur vie. J'ai beaucoup aimé recevoir des photos, c'était un bonus lorsque je naviguais avec les hormones postaccouchement. Si la mère de Natacha veut des nouvelles, je lui en donne, si elle n'en veut pas, pas de problème. Ils sont venus à mon mariage, car je me suis mariée en 2016 alors que j'étais avec mon conjoint depuis 1999. Une chose bizarre, c'est qu'au moment de partir de la réception Natacha a passé ses bras autour de mes jambes et a dit : « Je veux vivre avec cette maman maintenant ! » J'ai été un peu mal à l'aise avec ça. Je ne sais pas d'où ça venait, elle devait avoir 7 ans. Je n'ai pas voulu en parler à sa mère sur le moment car je n'avais pas eu un lien si proche avec Natacha, on ne s'était pas tellement vues. C'était très étrange (*était-elle fascinée par la robe de mariée ou s'agit-il de l'importance dans l'esprit de l'enfant du terme de « mère » ?).*

Lis, Américain de Californie

Je suis un homme trans.

J'ai une fille adulte et j'ai fait deux GPA.

Avez-vous gardé des contacts avec les parents d'intention ? Avec l'enfant né de la GPA ?

Avec les deux groupes de parents, oui. Le deuxième couple (ainsi que leur fille) nous rendra visite pour le week-end du Memorial Day et pour la remise des diplômes de ma fille. Le premier enfant que j'ai mis au monde en tant que mère porteuse est mort d'un glioblastome il y a quelques années.

Comment s'est déroulée votre grossesse en tant que mère porteuse par rapport à votre propre grossesse ?

Pas très différente, juste plus surveillée/médicalisée.

Avez-vous eu le sentiment de faire partie d'une « famille » avec les parents d'intention ?

Oui, surtout avec la deuxième famille.

Pensez-vous aujourd'hui à vos anciennes GPA ? À quelle fréquence ? Avec quelle intensité ?

Oui, plus souvent la deuxième fois qu'à la première. Je suis fier de ces expériences et reconnaissant de ce qu'elles ont apporté dans ma vie.

Pensez-vous de temps en temps aux bébés ou aux adolescents actuels ?

Oui, encore une fois, plus pour le second que pour le premier.

Les imaginez-vous avec leurs parents ?

Je n'ai pas besoin de l'imaginer, je les ai rencontrés avec leurs parents.

Son histoire fait penser à la grossesse de Thomas Beatie qui, en 2008, avait fait couler beaucoup d'encre aux États-Unis et dans le monde[1]. Ce transsexuel américain, après avoir bénéficié d'un traitement hormonal pour passer du sexe féminin au masculin a décidé de porter l'enfant dont sa femme ne pouvait assurer la gestation ayant subi une hystérectomie. Le couple a eu recours à un don de sperme. Les photos très médiatisées de cette grossesse témoignent d'un « trouble dans le genre », le corps enceint de Thomas Beatie associant signes de féminité et de virilité : Thomas est à la fois le père et la mère de son enfant. Après avoir donné la vie à Susan, il a mis au monde deux autres enfants puis a définitivement changé de sexe.

Une « indication » hors norme évidemment. C'est également l'histoire d'un couple où la GPA a été motivée par l'hystérectomie de la conjointe comme nous en avons vu plusieurs[2].

Que nous racontent ces témoignages ?

Ces histoires montrent tout d'abord la fierté de ces mères d'avoir donné la vie, ce qu'elles savent faire, disent-elles, beaucoup mieux que les savants docteurs qui n'ont

1. *In* Emmanuelle Berthiaud, *Enceinte. Une histoire de la grossesse entre art et société,* La Martinière, 2013, p. 233.
2. Cette histoire est éclairée par l'intéressant article de Serge Hefez « Troubles dans la famille », *in* Micheline Misrahi-Abadou et Boris Cyrulnik (dir.), *Nouvelles fertilités, nouvelles familles, nouvelle humanité,* Odile Jacob, 2024.

pas encore trouvé d'utérus artificiel ! La valeur de l'enfant se remarque notamment dans le bonheur d'avoir des jumeaux ce qui, pour un esprit européen, serait plutôt perçu comme une difficulté supplémentaire. Le deuxième point souligne l'importance de la qualité du lien avec les parents d'intention, lien parfois « familial », parfois seulement professionnel (« faire équipe »). En ce sens, l'expérience négative de la GPA d'Amanda se caractérise par l'absence totale d'empathie des parents d'intention à son égard. Ils ont respecté le contrat à la lettre. Rien de plus.

Les mères porteuses pensent souvent aux bébés – adolescents maintenant – qu'elles ont mis au monde et apprécient d'avoir des nouvelles. Mais elles ne se considèrent nullement comme des mères ; elles se réjouissent du fait que ces enfants soient sûrement heureux avec leurs parents. Très nombreuses sont prêtes à recommencer – et ont recommencé – une telle expérience tellement gratifiante. Un élément frappant et quelque peu paradoxal : certaines femmes recourent presque indifféremment à une MPA (maternité pour autrui) ou à une GPA par FIV : est-ce dans le choix de la MPA, la facilité de ne pas avoir à passer par la FIV ? ou cela relève-t-il d'une certaine indifférence à leur propre participation génétique ? ou encore est-ce une fierté d'avoir participé à un protocole de GPA ? D'autres disent encore que donner aussi ses ovocytes « c'est trop de maternités[1] ».

1. Je reviendrai dans la conclusion sur ce point essentiel.

Il existe un autre point étonnant pour un esprit français : certaines gestatrices tiennent à porter pour des couples hétérosexuels seulement ; pour d'autres, c'est indifférent. Dans ma propre clinique, j'ai rencontré des couples homosexuels pour lesquels les mères porteuses ne voulaient porter que pour des couples homoparentaux afin d'éviter, disaient certaines, la rivalité avec la mère du couple d'intention. En outre la gestatrice est encore davantage une *sauveuse* pour les couples d'hommes, une véritable héroïne. Ces mères partagent-elles ce fantasme ? La clinique manque.

Elly Teman[1], autrice de référence en matière de GPA, on l'a vu, a rapporté le ressenti d'un « corps à la fois unique et duel » entre la mère d'intention et la mère porteuse qui permet à la mère d'intention de vivre une grossesse psychique. Elle souligne combien la qualité de cette relation favorise l'élaboration d'un bébé imaginaire et l'accueil du bébé réel. Oralement (le 26 avril 2025), Elly Teman précise – un détail significatif – que le vécu de la séparation le plus difficile pour les mères porteuses est celui de devoir quitter les parents d'intention, davantage que celui de quitter le bébé.

Quant au vécu de la grossesse en GPA, certaines mères porteuses de mon échantillon disent que c'était une grossesse similaire à leurs propres grossesses ; d'autres que ce n'était pas la même grossesse. On verra que certaines

1. Elly Teman, *Birthing a Mother*, *op. cit.*

d'entre elles ont connu des deuils familiaux. Et/ou qu'elles sont sensibles à la question de l'infertilité à travers certaines histoires familiales. Dans la recherche initiale d'Ellen Schenkel et Serge Tisseron avec un grand nombre de gestatrices (44), ces chercheurs avaient noté la perte d'un proche avant la décision de porter l'enfant pour un couple – pas leur propre enfant – dans (33 à 44 %) comme un élément significatif dans la prise de décision de s'engager dans une GPA ; on note aussi un problème de stérilité d'un proche. Un lien avec l'importance de donner la vie ? Probablement.

D'autres recherches montrent que les donneuses de gamètes ainsi que les mères porteuses réparent souvent par leur geste une interruption volontaire de grossesse, une stérilité ou une adoption à la génération précédente[1]. L'idée d'une « dette de vie » développée notamment dans les travaux de la psychiatre Monique Bydlowski apparaît clairement[2].

On voit qu'il n'existe pas de profil-type de gestatrices, ce sont des femmes qui ont saisi l'opportunité de GPA pour aménager une problématique personnelle consciente ou inconsciente.

Bref, l'image même de la normalité au sens psychanalytique.

---

1. Bestard Joan, 2004, « Kinship and the new genetics : The changing meaning of biogenetic substance », *Social Anthropology*, 2004, 12 (3), p. 253-263.
2. Monique Bydlowski, *La Dette de vie. Itinéraire psychanalytique de la maternité*, PUF, « Le fil rouge » 1997.

Je vais présenter maintenant un cas français assez particulier de GPA que j'ai pu retravailler, cette fois dans un contexte d'homoparenté[1].

L'histoire de José et de ses enfants

José, père homosexuel, a 2 enfants, un fils de 23 ans et une fille âgée de 19 ans conçus par MPA aux États-Unis. Il vit avec Manuel, son compagnon, qui n'a pas de lien de filiation avec les enfants.

Anne Cadoret avait rencontré José, jeune père homosexuel, lors d'une réunion de l'APGL (association des parents gais et lesbiens) en 1997. Elle l'a suivi dans son parcours de PMA, dans un but de recherche pendant des années ; avec le consentement de José très désireux d'expliquer la manière dont il a eu des enfants qui lui soient génétiquement et exclusivement reliés dans le cadre de l'établissement d'une filiation unilinéaire, explique l'anthropologue ; une filiation ou seule l'ascendance – ici du côté du père – est retenue.

Il a choisi le processus de maternité pour autrui (MPA), une des manières d'accommoder la maternité, avec une femme américaine, mère de 2 enfants, dans un État du Middle West. Il a eu du mal à trouver une candidate, cela lui a pris vingt inséminations artisanales en tout avant

1. J'ai poursuivi l'étude de l'anthropologue, Anne Cadoret.

de trouver la « bonne », Laura. Une deuxième insémination a eu lieu quatre ans après. 2 enfants, un garçon et une fille, sont nés et ont été élevés par leur père en France[1].

L'anthropologue note que José est issu d'une famille juive décimée pendant la Seconde Guerre mondiale. Il a un frère qui a des enfants, mais lui est l'aîné. Il se sent en tout cas un devoir de descendance ; il veut une parenté à toute épreuve, une filiation indivisible et incontestable (il n'est pas marié). Les liens du sang sont fondamentaux pour lui ; et il commente, non sans humour, « de toute façon, on ne divorce pas de ses enfants »…

Il a tenu à ce que ses enfants rencontrent celle qu'il nomme leur *mère biologique*, une « donneuse de corps » qui restera *la mère* même si elle n'a pas joué de rôle dans la vie des enfants. Ces derniers auront ainsi une origine génétique connue et reconnue au point que les enfants de la mère porteuse sont considérés comme les frères et sœurs de ses enfants ; *idem* pour la mère de la mère porteuse qui sera considérée comme la grand-mère, pour les cousins, etc.

Avec 2 enfants nés de la même mère porteuse, José a ainsi « fait famille » grâce aussi à la germanité de ses enfants (ses enfants sont de vrais frères et sœurs). L'anthropologue note que José a désacralisé le rôle féminin de la maternité en ne lui donnant que le seul rôle d'ascendance biologique et en le découplant de l'éducation.

1. Il a fait un test ADN après quelques hésitations. Ce test montre qu'il est bien le père.

La « fabrication de l'enfant » diffère ainsi de la filiation. Anne Cadoret cite à ce propos un texte classique de l'anthropologue de la parenté Alfred Radcliffe-Brown qui écrivait dès 1950[1] : « La parenté [...] résulte de la reconnaissance d'une relation sociale entre parents et enfants, ce qui n'est pas la même chose que la relation physique qui peut ou non coïncider avec celle-ci. » L'autrice développe cette idée en la rapportant à ce qu'exprime José. Elle montre que le corps est un support neutre, ouvert à plusieurs interprétations ; il ne crée de l'identité que lorsqu'il y a déjà un sentiment de famille.

Cela se montre particulièrement vrai dans les histoires de mères porteuses.

Quand ses enfants ont eu 4 ans et 1 an, José a décidé de leur faire rencontrer leur « maman », leur mère biologique (*rappelons que cette personne a fourni son ovocyte dans le cadre d'une maternité pour autrui*) dans l'État américain où elle vit et où a eu lieu l'insémination. Son fils s'est, me dit-il, jeté dans ses bras en s'écriant « maman », mais cette dernière est restée les bras ballants. Ce dernier me dira qu'il n'a aucun souvenir de cette scène. Scène pénible que son fils a peut-être refoulée ou dont il ne veut pas parler. Le compagnon de José était aussi présent et en garde, lui aussi, un mauvais souvenir, d'autant que l'enfant a demandé, voyant un fils de Laura d'un âge proche du sien : « Pourquoi a-t-elle gardé

1. Alfred Radcliffe-Brown, *African Systems of Kinship and Marriage*, Oxford University Press, 1950.

ce frère et pas moi ? » José a organisé plusieurs rencontres (des pique-niques ou des rendez-vous au MacDo) avec la mère porteuse et ses enfants. Cette dernière est toujours restée assez froide, me dit son compagnon.

J'ai rencontré José en 2024. Ses enfants, garçon et fille, ont maintenant 23 et 19 ans. José revient volontiers sur son parcours de GPA et sur ce qui s'est passé par la suite. Assez vite (Isaac avait 4 ans), il s'est mis en ménage avec Manuel, un pédiatre sans enfant. Manuel a été présent tout au long de l'éducation des enfants. Isaac le considère d'ailleurs comme son parent ou copère (il me dira « l'essentiel pour moi a été d'avoir deux parents »). Il est nommé Papou par les enfants.

L'enfance et l'adolescence de ce garçon ont été chaotiques (il a été renvoyé de plusieurs établissements, a fugué, etc.). Après le bac, son père l'a envoyé dans une université à Montréal. José est très satisfait de son parcours et désireux de l'expliquer une fois de plus. Je lui ai demandé si je pouvais parler à ses enfants. Sa fille n'en a pas manifesté l'envie, elle n'a rien à dire de la GPA, me dit son père, elle a autre chose à penser (fringues, copines, etc.). Son fils a été d'accord pour un entretien téléphonique depuis le Canada. Il me dit que sa conception par GPA est anecdotique, il en a toujours parlé à ses amis s'ils posaient des questions. L'important pour lui, me dit-il, c'est qu'il a toujours eu une famille normale. Je demande « normale ? ». Il répond que l'essentiel est qu'il a toujours eu deux parents aimants, deux hommes en l'occurrence, mais c'est banal maintenant. Il est heureux au Canada mais va revenir en France.

Je me suis entretenue longuement avec Manuel, le compagnon de José, arrivé dans la famille au moment où la fille de José a été conçue – il l'a donc connue depuis sa naissance – ; Isaac avait alors 4 ans. Depuis il vit avec les enfants : il s'est même mis à temps partiel pour s'occuper d'eux, les emmenant parfois dans sa propre famille en Amérique latine où ils ont été très bien accueillis par leurs « cousins » (les enfants de son frère et de sa sœur). Ce qui n'est pas le cas, dit-il, avec les enfants du frère de José.

Manuel souffre de n'avoir aucun lien légal avec les enfants ; seul l'accueil chaleureux par la synagogue au moment de la bar-mitsva d'Isaac l'a réconforté. Il se pose des questions sur un accident possible de l'un ou de l'autre (surtout de lui – il a eu un infarctus : « Que restera-t-il pour les enfants sinon une assurance-vie qu'il a mise à leur nom ? »). Il pense pouvoir les adopter bientôt pour pouvoir leur transmettre quelque chose de lui, de son histoire. Les enfants le souhaitent, dit-il. José, le père des enfants, continue de penser sa filiation comme unilinéaire ; il a de ce fait du mal à y faire pénétrer quelqu'un d'autre nanti d'un rôle parental.

Manuel connaît bien Laura, la mère porteuse (la *mère biologique*) et communique avec elle par WhatsApp, lui envoie des photos et lui donne des nouvelles des enfants. Il considère qu'elle lui a fait, à titre personnel, un énorme *cadeau* en donnant la vie à ces enfants qu'il a pu élever. Ses motivations, dit-il, étaient d'ordre religieux – outre l'aspect financier : elle fait partie d'une fraction protestante d'une Église où le don est privilégié.

Je lui demande ce qu'il pense de l'enfance et de l'adolescence d'Isaac, très chahutée. Il répond que c'est un garçon très intelligent, mais turbulent, hyperactif, ne tenant pas en place, diagnostiqué seulement à l'adolescence HPI (haut potentiel). Depuis qu'il est traité, ça va mieux. À propos de l'enfance d'Isaac, Manuel me dit que le garçon a été très marqué par le contexte de l'époque qui était celui de la « Manif pour tous » avec ses cortèges scandés par des propos anti-homos. Il insiste sur l'aspect traumatisant pour Isaac de cette époque, sur les slogans dessinés sur les trottoirs qui ont beaucoup frappé l'enfant ; il me dit qu'Isaac a été lui-même sujet de propos homophobes à l'école et qu'il demandait pourquoi « ces gens ne les aimaient pas ».

Je lui demande, comme pédiatre, ce qu'il pense de l'impact d'une GPA sur le destin psychique des enfants conçus ainsi. Il me répond que si ces enfants sont élevés avec l'amour de deux adultes (peu importe leur sexe) il n'y aura pas de problème ; à partir du moment où la mère porteuse a évidemment été traitée avec dignité. Sur le choix de la MPA (la mère porteuse est la mère génétique dans ce cas) plutôt que la GPA, il dit qu'il y a davantage de contacts humains dans la MPA. Mais qu'à sa connaissance cela ne se fait plus aux États-Unis désormais.

On ne peut que reconnaître à José une grande habileté dans la construction de son scénario de GPA. La gestatrice, Laura, ne semble pas avoir été flouée dans l'histoire, elle a consenti librement au montage proposé par José. Il est possible qu'elle apprécie d'avoir des nouvelles *via* Manuel mais on ne peut l'affirmer puisque ce lien n'était pas prévu.

La situation reste ouverte, il n'y a pas de secret, les enfants de José sauront en tout cas à qui ils sont redevables de ce don de maternalité (de la part de la personne qui a pris soin d'eux pendant la grossesse), de ce don de vie.

On a vu que le contexte culturel et législatif était fondamental dans la clinique de la GPA. Les deux cas belges de GPA relationnelle (en famille) qui vont suivre le démontrent amplement.

Ces deux histoires ont été rapportées par une psychologue clinicienne belge, Mónica Bourlet, dans le cadre d'un travail universitaire. Elles ont l'immense intérêt de permettre d'écouter la parole de mères porteuses avec leurs propres mots. Elles donnent aussi l'occasion, on le verra, de faire mieux ressortir des questions de fond occultées ailleurs. Dans ces histoires, la longueur des entretiens et les détails du récit – essentiels – donnent « plus de chair » aux déroulés de la GPA.

La première est le récit d'une GPA relationnelle (autorisée « du bout des lèvres » en Belgique) entre des personnes de la même famille. Un texte étonnant qui permet d'aborder le thème de l'incestuel et de la complexité des liens entre sœurs. Il est extrait du travail de Mònica Bourlet[1].

---

1. Thèse non encore publiée. Mònica Bourlet m'a donné son accord, ce dont je la remercie. Les cas rapportés sont extraits de sa thèse : *Les Aménagements psychiques des mère porteuses dans la gestation pour autrui gestationnelle*, thèse de doctorat, ULiège – université de Liège, ORBI-University of Liège, novembre 2024.

Une histoire de GPA relationnelle ou « un corps pour deux »

Stéphanie a une trentaine d'années, elle vit avec un compagnon. Après la naissance de son premier enfant, elle a porté et accouché en Belgique d'une petite fille pour sa sœur aînée, Sarah, sept ans avant notre rencontre.
Au début de l'entretien, Stéphanie enchaîne directement avec une phrase qui laisse entendre la dimension incestuelle liée au fait de porter l'enfant de sa sœur et de son beau-frère : « C'est compliqué, ces histoires de cadre légal. »
Cette dimension a un impact important au niveau familial.
« C'est même pas un sujet, on l'aborde au contraire, je prends plaisir à raconter parce qu'on n'a aucune honte, aucune… Comme si c'était tabou, une honte de dire : oui, j'ai porté l'enfant de ma sœur. Non, il y a une histoire derrière… J'ai jamais eu honte de rien[1]. »
Cette GPA, bien que validée par les autres membres de la famille, semble relever du secret, un sujet relativement tabou qui devrait rester caché ?
Pour rappel, en Belgique, la mère porteuse est déclarée mère légale à la naissance de l'enfant. Elle cède ensuite ses droits parentaux au père d'intention qui a fait une

1. Remarquons qu'il n'y a pas de sentiment de honte chez les sujets qui recourent à la GPA dans un pays où cette pratique est légale. Ce n'est pas forcément le cas des couples français qui se rendent à l'étranger : certains peuvent ressentir une gêne liée à la transgression vis-à-vis de la loi de leur pays. Même si les raisons de cette transgression sont parfaitement justifiées.

reconnaissance anténatale. Elle ne sera plus considérée comme mère que lorsque la procédure d'adoption par la mère d'intention aura abouti. Au moment de l'entretien, Stéphanie n'est plus légalement la mère de l'enfant, seulement depuis quelques années. Cependant, elle laisse entendre la trace laissée par ce passage incontournable.

Qu'est-ce qui a motivé cette GPA ?

Sarah, la sœur aînée, a un premier enfant d'une précédente union, elle est en couple avec Jean. Sarah tombe enceinte ; en début de grossesse, elle apprend qu'il s'agit d'une grossesse à risque. En fin de grossesse, elle est hospitalisée pour de fortes hémorragies mettant en péril sa vie et celle du bébé. Le bébé décédera.

Les jours suivant cet événement seront très bouleversants pour Stéphanie et sa sœur cadette, Elia, qui est également enceinte. Stéphanie dit qu'elle-même et sa sœur ne sentaient plus leurs bébés bouger parce qu'elles ne s'en occupaient plus et ressentaient de la culpabilité : « Nous, on est encore enceintes et pas notre sœur et donc heureusement, on s'est beaucoup parlé à deux. »

En sus de ce drame, la fin de grossesse de Stéphanie sera marquée par un autre événement tragique qui touchera cette fois la famille de son compagnon.

Un jour, lorsque Stéphanie est à huit mois de grossesse, son conjoint rentre dîner et lui dit : « Stéphanie, toi, mère porteuse, tu le ferais ? » Je dis : « Oui, mais pas sans ton accord. » Il dit : « Je suis pour. J'y pense depuis que c'est arrivé. » Ils vont alors envisager tous les cas de figure possibles, sans rien dire à personne (risques, problèmes du bébé, famille…).

Stéphanie précise que le fait qu'elle ait vécu un drame familial pendant sa grossesse a influencé sa décision. Au bonheur d'être enceinte en même temps que ses sœurs a succédé l'effroi. Ce décès serait venu rompre quelque chose d'une fantasmatique en miroir entre les trois sœurs qui a été ravivée par ces grossesses simultanées. Stéphanie a voulu alors atténuer la douleur de sa sœur, car elle n'aime pas voir souffrir les siens. « Je voulais enlever, pas toute la souffrance, parce que la souffrance elle est encore là, ils ont perdu un enfant – je l'ai dit à ma sœur, ça, je me souviens –, j'ai dit devant le gynécologue quand il m'a mise au pied du mur. Il m'a dit : "Et vous allez faire ça pourquoi ?" Je dis : "Si je peux enlever un millième des larmes qui coulent là, je le fais sans réfléchir" et c'est là qu'il m'a dit : "Vous êtes plus que prête." »
Cela nous amène à un autre aspect que Stéphanie aborde très tardivement dans l'entretien. Lorsque Elia, sa sœur cadette, annonce qu'elle est enceinte (Sarah et Stéphanie le sont déjà), Stéphanie a comme une intuition et dit à son compagnon qu'elle « ne voyait pas trois bébés arriver en même temps ». Elle fera l'hypothèse que peut-être la culpabilité « d'avoir pensé ça » l'a poussée à trouver une solution pour sa sœur Sarah. La fin de grossesse de Stéphanie est envahie par un fantasme mortifère : « Tout le monde était devenu terrorisé par un accouchement. » Elle formule alors une justification : « On fait ça parce qu'il faut que la vie continue. On est un peu comme mon papa, c'est action/réaction. Je ne voulais pas rester dans mon chagrin, il fallait qu'on trouve des solutions pour passer au-dessus. »

Cette GPA pourrait-elle représenter une expression de la pulsion de vie face à cette fantasmatique mortifère ?
« Ce qui a joué aussi, c'est que j'ai adoré être enceinte », ajoute-t-elle. De même, accoucher avait été très facile pour elle. Tomber à nouveau enceinte assez rapidement ne la dérangeait pas. « J'ai pris tout ça pour des signes, la vie me disait : "Vas-y, t'as raison, fais-le." » Adhérer à ce positionnement semble lui permettre de lever la question de l'interdit incestuel qui plane et qui est évoqué par le biais de la honte[1].
Sarah et Jean acceptent la proposition de Stéphanie et son compagnon ; le processus commence très rapidement : « J'ai accouché de mon bébé au mois de juin, on a eu le premier rendez-vous au mois d'août… En janvier, fin décembre, on avait l'accord… Je pense que la première insémination s'est faite au mois de mars et je suis tombée enceinte, mais ça n'a pas tenu. Et en avril, là, je tombe enceinte et ça a marché. » Malgré l'acceptation, les débuts de la GPA s'avèrent très éprouvants pour Sarah et Jean et suscitent chez eux une certaine ambivalence. Stéphanie dira qu'elle-même et son compagnon les « pousseront » dans ces premières étapes de la GPA. Elle les présente comme très pessimistes. « Eux, c'était tout le négatif et nous, c'était tout le positif. On devait être positifs pour quatre à ce moment-là… Nous, on passait au-dessus des obstacles en levant le pied, eux devaient prendre une échelle. Et nous,

1. Remarquons l'absence de honte quand le cadre est légal, ce qui n'est pas toujours le cas des couples français qui se rendent à l'étranger en raison de la stigmatisation sociale de la GPA en France.

qu'est-ce qu'on faisait ? On leur mettait l'échelle et on leur faisait même la courte échelle, il fallait pour les aider à passer au-dessus de chaque obstacle. Mais on n'était pas qu'à deux pour faire ça. Là, on avait justement l'aide de toute la famille et je pense que c'est bien du coup qu'on ait mis toute la famille dans le circuit parce qu'ils nous aidaient. »

Car un autre élément important intervient dans son engagement et celui de son compagnon dans la GPA, ils voulaient que toute la fratrie soit impliquée. « Voilà, on veut que chacun ait son rôle dans cette histoire parce qu'on voulait pas qu'ils pensent qu'il y avait plus d'affinités entre ma sœur et moi. » Stéphanie parle très peu du lien à sa sœur Sarah. Elle dira au début de l'entretien qu'elle a un très bon lien avec sa sœur aînée, puis, plus tard, elle expliquera que ce n'est pas avec elle qu'elle s'entend le mieux. Cependant, ces neuf mois ont créé un « lien particulier ». Elle va alors livrer de manière très fine et authentique comment le travail du corps a généré une « mise à disposition » de son utérus qui évoque un « utérus pour deux » et qui est à l'origine de ce lien particulier qui a permis la GPA ; lien de proximité que Stéphanie n'envisage pas pouvoir reproduire : « Aujourd'hui, sans ça, sans un tel projet, aller vivre même un week-end avec eux, on saurait pas, je pense… parce qu'on a des vies différentes, on a vécu les choses différemment. »

Elle explique que, lors de la grossesse, elle n'a pas pris les kilos qu'elle a l'habitude de prendre, qu'elle a eu des varices lors de la grossesse alors qu'elle n'y est pas sujette.

Le gynécologue lui dira qu'elle a plutôt les mêmes symptômes que sa sœur lorsqu'elle était enceinte. Elle explique que c'est comme si elle « n'était plus dans son corps ». Je lui demande si elle devient un peu sa sœur. Sa réponse est pour le moins surprenante : « C'est possible parce que, quand je l'ai vue enceinte, je pense que pendant neuf mois, j'ai accepté de faire une fusion avec elle... pas d'être dans sa tête, heureusement... Moi j'avais mon esprit, et alors là, il y avait peut-être les deux petits esprits, le bon esprit et le mauvais esprit, et j'ai essayé que le bon esprit prenne le dessus ; mais voilà, comme si on avait été en fusion, d'ailleurs ces neuf mois où je me suis sentie en fusion je disais qu'on n'avait pas beaucoup de points communs, on avait beaucoup de discordances avec ma sœur qui ont disparu pendant neuf mois. J'étais sur la même longueur d'onde qu'elle. Je pense que je me suis mise au diapason avec elle, je ne me suis pas forcée. » Elle enchaîne en comparant de nouveau avec ses grossesses : « Mes autres grossesses, je supportais pas qu'on touche mon ventre mais là, c'était pas mon ventre. »

Je l'invite à déployer sa représentation quant au fait qu'une partie de son corps ne lui appartient plus à ce moment : « J'ai prêté mon ventre, c'est comme si je lui avais donné. C'est pour ça que, parfois, j'ai l'impression que c'est elle qui l'a porté et que... c'est comique, c'est un peu... mais c'est instinctif quand j'en parle... c'est vrai que c'est très compliqué à analyser... ; je pense que psychologiquement, j'étais détachée, physiquement non, parce que forcément, mais psychologiquement, j'étais plus fixée sur, encore une

fois, toujours penser à Sarah. Voilà, c'était ma vie entre parenthèses, je leur ai prêté mon ventre, donc mon corps, il n'y a que mon esprit qui reste là. »
Dans cette relation duelle qui ravive l'asymétrie entre les deux sœurs, Stéphanie va inclure son beau-frère à certains moments ; ce qui réduit aussi la culpabilité. « Elle était que dans mon ventre et moi, j'avais ce respect par rapport à ma sœur et mon beau-frère de vouloir tellement leur faire vivre les choses… parce que je sais que c'était une appréhension. Ben oui, la grossesse, comment nous, on va la vivre. Et donc, je voulais tellement… qu'ils aient un bon souvenir de cette grossesse… Je faisais des photos de mon ventre parce que c'était important d'envoyer des photos. Voilà, j'avais prêté mon ventre mais comme mon ventre il était sur moi… Forcément, ça, je l'avais dit, je ne pourrai jamais te faire ressentir ce que je ressens quand elle bouge, forcément, mais tout ce que tu peux toucher, tout ce que tu peux, je te le dirai. Dès que j'étais avec elle, même le moindre mouvement, je dis : "Sarah, vas-y, tiens, tiens", même si parfois, on était même chez ma mamy, il y'avait du monde mais c'est pas grave, c'était important pour moi de… J'ai fait l'haptonomie pour eux, pas pour moi. Je l'avais faite à ma première pour nous et je savais ce que c'était et du coup, j'avais dit à Sarah : "Sarah, il faut qu'on fasse l'haptonomie, que vous poussiez." Et elle me dit : "Et Jean va toucher ton ventre ?" Je dis : "Jean, vas-y, c'est ton ventre… Mais mon ventre pour l'instant, il est à vous", c'était un peu ça. Mon ventre, il était à eux, pendant neuf mois, il était à eux… Mon corps était

le leur donc je pense que, même là, Jean, c'est comme si c'était le corps de sa femme puisque j'avais prêté mon corps à ma sœur… C'est comme si on avait cohabité. C'est comique parce qu'ils n'habitaient pas avec nous, mais on a tellement vécu ça pour eux qu'on a l'impression qu'on a cohabité avec eux… On a vécu (accentue) pour eux. »
Toutefois cette proximité avec son beau-frère va éveiller un fantasme de scène primitive entre Stéphanie et son beau-frère. Stéphanie raconte avec amusement que Jean a dit à quelques reprises : « Stéphanie, c'est la seule que j'ai pas touchée mais que j'ai mise enceinte. » Cette phrase défensive teintée d'humour met en scène un fantasme de scène primitive qui décrit l'accès à la parentalité *via* le corps de Stéphanie sans rapport sexuel.
D'un autre côté, Stéphanie me confie qu'il était important pour elle que son compagnon la suive dans ce projet car, dans le cas contraire, il n'aurait pas accepté. Elle dira même que ça leur a permis de retomber amoureux une seconde fois. Dès lors, devant une telle complexité dans la représentation des liens, on ferait l'hypothèse que Stéphanie semble avoir besoin dans ce processus de GPA de se référer à son compagnon en tant que double d'elle-même, mais qu'il doit aussi faire office de tiers, porteur de différenciation. Ce qui pourrait être, pour elle, un moyen d'apaiser le trouble interne provoqué par la dimension incestuelle.
Quant à l'accouchement, il représente le plus beau moment pour Stéphanie : « Il fallait trouver un hôpital qui voulait de nous… On était à quatre dans la salle d'accouchement… C'est même mon beau-frère qui est resté avec

moi pour la péridurale parce que mon compagnon ne le sentait pas… Et je me souviens que c'était compliqué parce qu'il était devant moi et il racontait tout, il disait : "On va te piquer Stéphanie" et il avait les larmes aux yeux pour moi… Il avait les larmes aux yeux de voir que cette aiguille elle rentrait dans mon dos… Et il a filmé. Sarah a pu m'accoucher. C'était pas prémédité en plus, c'est ça qui était gai, parce que ce n'était pas planifié. Elle l'a sorti, elle était en larmes. Elle dit : "Qui peut, au-delà du fait qu'elle n'a pas porté ce bébé, qui peut dire qu'elle a sorti son bébé elle-même !" Non, c'est vrai elle l'a vraiment vu sortir… c'est elle qui l'a prise. La tête sortait déjà donc elle a juste eu le temps de… c'est pas comme si elle a eu le temps de réfléchir et de dire : "Je sais pas, j'ai pas envie de voir." Non, pas du tout, elle était devant, elle a dit : "Quoi ?" Elle a perdu un peu ses moyens… Sarah l'a sortie et elle l'a mise sur moi, elle a coupé le cordon et là, je lui ai dit, j'ai quand même parlé, j'ai dit une phrase à cette petite, je dis : "Allez, je te rends à ta maman parce qu'elle a hâte de te voir." Et je l'ai donnée à Sarah et voilà, et c'est vrai que c'était important. »

À la question de savoir ce que ça lui a fait, elle me répond qu'elle est fière mais associe sur les propos de sa mère qui semble « choquée » que Stéphanie soit nue devant son beau-frère. « Je dis : "Maman, c'est la nature…" Moi, c'est devenu quelque chose de tellement naturel… J'ai jamais pensé, ça m'a jamais traversé l'esprit… Là, on était dans quelque chose de, on était au-delà de la pudeur. À ce moment-là, on n'y pense pas, on n'y pense pas, pas du tout. Mon corps

était le leur donc je pense que même là, Jean, c'est comme si c'était le corps de sa femme puisque j'avais prêté mon corps à ma sœur. Même là, je pense que ça m'a aidée, ça m'a aidée à pas avoir du tout de… au jour d'aujourd'hui, je le ferais plus, bien sûr que non, je serais gênée s'il me voyait une fois encore nue alors qu'il m'a vue. Et moi, dans mes grossesses à moi, jamais j'aurais accepté que quelqu'un vienne voir… là, c'était pas notre grossesse… C'est normal. En fait, c'est comme si ce jour-là, forcément on devait être là puisqu'on a prêté notre corps, notre corps parce que, encore une fois, c'est tous les deux. On a prêté notre corps, notre vie. Donc, on était là, mais c'est leur histoire. On devait être présents physiquement, évidemment mentalement, on était là aussi mais je pense qu'on était déjà à dire… Non, c'était vraiment comme s'ils étaient à deux… C'était mon corps qui jouait son rôle, mon corps qui avait porté. »
Ces propos permettent de revenir sur un élément qui paraît important : à savoir la rapidité avec laquelle Stéphanie précise que l'accouchement s'est déroulé. Cette rapidité renvoie à ce qu'elle dit de la durée de la GPA. « Heureusement que ça n'a pas pris trop de temps parce que je pense que si ça avait dû prendre longtemps, ça aurait été compliqué. […] Une fois que j'avais accouché, la parenthèse se ferme, l'histoire était finie… Je pense que je m'étais préparée à cette parenthèse… C'était une belle parenthèse et il était temps qu'elle se referme… J'ai retrouvé ma vie comme s'il n'y avait rien eu entre deux. » Nous pouvons donc comprendre que le vertige de cette posture psychique ne peut se maintenir que pendant un temps circonscrit.

Stéphanie met aussi l'accent sur le fait que cette expérience lui a fait « remettre en question les choses qui sont établies : les hormones, la chute hormonale. J'ai remis les choses en question ». Cette précision révèle l'importance des réaménagements psychiques que la GPA a supposés pour elle alors qu'elle semblait s'inscrire au préalable dans une logique de primauté du biologique pour accéder à la maternité. Pour elle, dès le départ, cet enfant n'est pas le sien. Elle va alors, avec précision, expliquer le découpage que cela a supposé et qui traduit le travail psychique qu'elle a mené depuis lors : « Il y avait le projet d'abord physique où je porte l'enfant, mais pendant le projet physique n'importe quel parent se projette dans le sentiment parce qu'on prévoit les études, la chambre, le bonheur qu'on va lui apporter dans la maison, la place qu'il aura que là, moi je me suis arrêtée au projet physique ; le lien physique, le lien et j'ai jamais projeté autre chose… C'est une autre façon de voir la grossesse mais qui reste dans mon idée de la grossesse qu'il y a une partie sentimentale, mais qui vient après, et cette partie sentimentale elle se prévoit pendant la partie physique sauf que quand la partie physique, elle ne nous concerne pas, je pense qu'on peut très bien faire la part des choses… Je me suis effacée en fait… Parce que je savais pourquoi je le faisais… Et heureusement, je pense que, avec la façon dont ça s'est fait, Sarah et Jean, ils ont su, eux, prendre la partie sentimentale. Pendant que nous, on concevait physiquement, eux, ils concevaient déjà la suite… »
Si on peut voir dans ses explications la lutte psychique de Stéphanie pour empêcher le surgissement de l'affect

lié à la grossesse, il s'agit également d'une lutte pour que la rêverie maternelle soit portée à plusieurs et ainsi permettre à chacun d'occuper la place qui lui est attribuée. D'un côté, ce bébé est investi par Stéphanie comme une nièce : « On en vient un peu à l'instinct maternel, aussi. Il y a une histoire d'instinct maternel et… et cet instinct maternel je savais que je ne devais pas l'avoir pour cet enfant… Je communiquais avec elle, avec ma nièce ; c'était pour dire : “Tatie et parrain… J'espère que tu vas arriver parce que tes parents commencent à s'impatienter, moi, je commence un peu à en avoir marre” et du coup, je pense que j'étais tellement claire en moi, que ça devait être très clair pour elle. »

D'un autre côté, elle instaure sa sœur et son beau-frère en tant que parents porteurs du désir d'enfant, puis ils prennent effectivement la relève après la naissance. « Là, Sarah a conçu un projet alors quand il est là ses projets prennent vie. […] Elle a eu le baby blues, elle pleurait tout le temps… Elle était dans le même état que moi quand j'ai eu ma première. » Cette complémentarité ainsi que la fragilité de l'équilibre s'illustrent fort bien lors de l'accouchement : « Sarah dit : “Ça va Stéphanie ?” Je dis : “Sarah, moi, quand j'ai vu ce bébé, j'ai vu tout de suite que c'était pas le mien.” Elle dit : “Oh et moi, quand je l'ai vue, j'ai tout de suite su que c'était la mienne.” Ah je dis : voilà ! Et c'était tout, c'était fini. »

De plus, Stéphanie dira que sa fille a joué un rôle de « garde du corps » dans la place que chacun occupe : « J'ai compris pourquoi il fallait déjà avoir un enfant. Je pense que ça a fait beaucoup… Elle était fusionnelle avec moi et j'étais fusionnelle avec elle… Est-ce que j'avais peur que… inconsciemment je m'occupe trop de la grossesse et que du coup, je rate des choses avec elle… Je voulais, je pense, je pense que je voulais vraiment, je pense que j'avais pas peur pour moi de ce que je pouvais ressentir par rapport à ce bébé, j'avais pas peur pour mon conjoint, j'avais peur pour ma fille. »

L'expression de sentiments contraires dans le lien à ce bébé porté nécessite d'investir diverses personnes (dont le père fait également partie) comme garantes de la place qu'elle doit occuper dans l'ébauche du roman familial. Au bout d'une semaine, Marion (le bébé *in utero*) continue de se faire attendre ; une date est fixée pour provoquer l'accouchement à la demande de Stéphanie, mais le travail s'est enclenché naturellement la veille. Stéphanie en parle avec son gynécologue qui lui dit : « Peut-être qu'inconsciemment vous retenez un peu parce que vous avez peur que ça se termine. » « J'avais pas l'impression mais peut-être, je, peut-être que j'avais peur de fermer cette parenthèse même si je voulais qu'elle se ferme, j'appréhendais peut-être quand même un peu, un petit peu. »

Stéphanie va confier plusieurs images. Celle qu'elle donne à sa fille : « Quand on fait un pain, par exemple, on fabrique le pain hors du four et après, il faut le mettre dans le four et le four, c'est le ventre… C'est comme si Tati Sarah, elle avait préparé un pain chez elle et son four il est cassé, elle le donne à maman, le temps que je cuise le pain et puis je lui rends, je vais pas manger son pain. »

Les deux autres sont similaires : « Voilà, c'est un étranger mais c'est quelqu'un qu'on m'a confié, c'est pas le mien. » « Quand je garde parfois les enfants de ma sœur, ils viennent de temps en temps ici l'après-midi, ils me retournent la maison, je ne m'en plains pas parce que je l'ai fait en connaissance de cause, j'ai bien voulu, je suis contente de l'avoir fait mais je suis contente quand ils s'en vont. Mais là, c'était pareil, c'était pendant neuf mois. C'était réfléchi de ma part, c'était décidé de ma part, c'était tout à fait, je me suis pas plainte mais quand elle est partie, j'étais contente. »
Il convient d'évoquer les imagos maternelles[1]. Contrairement à la place qu'elle donne à son père, elle parle très peu de sa mère dans l'entretien. Elle qualifie la relation à sa mère comme « très compliquée ». Elle ne s'est « jamais beaucoup occupée de ses enfants ». « Pas qu'elle a pas l'instinct maternel, elle a pas eu beaucoup d'amour de ses parents. » « Elle avait le chic pour me faire mal. » Stéphanie exprime que sa mère a participé à lui donner une image négative d'elle-même Dès lors, au-delà de la dimension altruiste de réparation envers la perte qu'ont subie sa sœur et son beau-frère, peut-on considérer que, pour Stéphanie, le lien avec sa sœur pendant la GPA lui donnerait la possibilité de rejouer cette fois un lien fusionnel avec une figure maternelle contenante et bienveillante qui viendrait réparer le lien à la mère des origines ? De même, sa sœur et son beau-frère semblent constituer des figures parentales idéales. Elle peut donc envisager sereinement de porter leur bébé qu'elle leur remettra après l'accouchement.

1. L'imago est une figuration parentale inconsciente.

Ce que nous dit cette histoire de GPA relationnelle

Il s'agit d'une famille fusionnelle et patriarcale (omniprésence du père des enfants adultes...) Admirons le travail psychique de Stéphanie au cours de cette gestation pour sa sœur (ainsi que celui de la psychologue qui l'analyse). Nombre d'éléments recoupent les données cliniques rencontrées dans ce champ, notamment la coïncidence temporelle mort/naissance (ici la mort de la fille de sa sœur, Jade). Par ailleurs Stéphanie élabore très bien la dimension incestuelle de l'histoire (elle implique son compagnon qui fait office de tiers, porteur de différenciation, un moyen pour elle de tenir à distance le trouble provoqué par la dimension incestuelle de l'histoire). Enfin elle explique très bien le fantasme « d'un corps pour deux » que l'on retrouve de manière récurrente chez les mères porteuses (explicité très bien par Elly Teman – et avec Chantal Collard et moi-même – dans le *We are pregnant*, voir *supra*, p. 58, Jane).

On ne peut pas ne pas évoquer ici le livre de Françoise Héritier *Les Deux Sœurs et leur mère. Anthropologie de l'inceste*[1] qui traite de la polygynie sororale et propose le concept d'« inceste du deuxième type ». On comprend ici que les deux sœurs qui ont été en contact sexuel – au niveau

---

1. François Héritier, *Les Deux Sœurs et leur mère. Anthropologie de l'inceste*, Odile Jacob, 1994.

des fluides corporels – avec le même homme (ou avec son sperme) ont inconsciemment des relations sexuelles entre elles au terme d'un « inceste du deuxième type ». Les relations entre Stéphanie et Sarah semblent relever en effet de cette imprégnation sexuelle mais c'est, au fond, toute cette famille fusionnelle qui relève de l'incestuel. S'agit-il d'une microculture dans une petite ville de province ? Françoise Héritier montre également dans ce livre que l'inceste n'a pas le même sens selon l'idée que le groupe se fait des liens de filiation. Une question de relativisme moral...

Songeons aussi à un texte de Claude Lévi-Strauss *in L'Anthropologie face aux problèmes du monde moderne* : « D'abord l'anthropologie révèle que ce que nous considérons comme "naturel", fondé sur "l'ordre des choses", se réduit à des contraintes et à des habitudes mentales propres à notre culture. Elle nous aide donc à nous débarrasser de nos œillères, à comprendre comment et pourquoi d'autres sociétés peuvent tenir pour simples et allant de soi des usages qui, à nous, paraissent inconcevables ou même scandaleux[1]. »

Ces lignes relativisent cette dynamique familiale qu'on ne peut se permettre, au nom de la psychanalyse, de qualifier de pathologique. Seul l'après-coup, comme on dit en psychanalyse, permettra de séparer le bon grain de l'ivraie.

L'histoire suivante relate un autre cas de GPA relationnelle, en Belgique encore une fois, mais pour un couple

---

1. Conférence prononcée à l'université de Tokyo au printemps 1986 reprise *in L'Anthropologie face aux problèmes du monde moderne*, *op. cit.*

d'hommes. Elle ne pose pas moins de questions que la précédente et les détails ne sont pas inutiles, on le verra. L'insistance d'Emma sur l'accouchement révèle des propos uniques : en général dans le champ de la GPA il est question de grossesse, pas d'accouchement comme si c'était une phase « automatique » qui ne donnait rien de particulier à comprendre. On verra à l'inverse que, pour Emma, c'est à ce moment-là seulement – l'accouchement – qu'elle a réalisé qu'elle allait donner le bébé aux pères. De manière générale on insiste peu sur l'accouchement dans l'analyse de la maternité ; peut-être parce que de nombreux textes sur le sujet sont écrits par des hommes qui ont du mal à se représenter accouchant…

Voici donc le second cas travaillé par Mónica Bourlet.

Emma, « le plus bel accouchement » et son plus bel accouchement

Emma est mariée et a 2 enfants.

Elle a accouché il y a quelques mois d'un petit garçon, Christian, qu'elle a porté pour son beau-frère Victor (le frère de son mari). Victor est en couple avec Alexandre. C'est un couple homosexuel stable, ils nourrissaient le désir d'avoir un enfant depuis longtemps. De son côté, Emma n'avait jamais pensé faire une GPA et, surtout, elle ne veut plus d'enfant : « D'ailleurs j'avais dit à Alexandre : qu'il ne vous arrive rien, moi, je ne veux pas du bébé, c'est pas pour moi. »

Le premier élément qui attire l'attention, ce sont trois adoptions dans la lignée maternelle. Une à chaque génération qui précède celle d'Emma : nous voyons donc d'emblée, dans le trangénérationnel, l'importance accordée à l'aide et au fait d'avoir une descendance (comme dans le cas de José relaté plus haut, p. 96, la motivation est analogue). Lorsque je lui fais remarquer que, dans cette GPA, elle s'inscrit également dans un acte qui aboutit à une forme d'adoption, elle enchaînera avec le récit de la GPA et notamment les raisons qui l'ont poussée à accepter. Victor et Alexandre ont fait des démarches pour une adoption qui se sont avérées fort compliquées au vu de leur homosexualité. Ils se sont ensuite renseignés sur la GPA à l'étranger, mais les prix étaient élevés. Emma, touchée par les échecs de démarches du couple, se demande pourquoi elle ne pourrait pas le faire puisqu'elle a déjà 2 enfants et qu'elle n'en veut plus. De plus, lors d'une conversation quelque temps auparavant, Alexandre lui dit en boutade : « Oh, tu serais bien notre mère porteuse ! » Cette proposition étonnera Emma. Elle se dit : « Il est fou. » Cette proposition se révèle cependant pour le moins féconde ; en effet, l'après-coup lui fera dire que « ce jour-là, il a semé la petite graine ». En parallèle, Emma pense que les femmes ont beaucoup de chance de pouvoir porter des bébés : « Les femmes homosexuelles ont accès à la parentalité d'une façon assez déconcertante. En revanche, les hommes n'ont pas cette chance de pouvoir porter des bébés… Quand je vois Alexandre et Victor qui forment un couple très uni et qui ont toujours eu l'espoir d'avoir un enfant, je trouvais

que j'avais, avec ma chance de pouvoir porter un bébé, eh bien, je trouvais que je pouvais leur offrir la chance d'être parents. » Elle décide donc de parler à son mari de son souhait de porter l'enfant de son frère ; après quelques discussions, il accepte en argumentant que finalement il s'agit du propre corps d'Emma, de son choix personnel.
Cette proposition faite par Victor va entrer en écho avec la frustration d'Emma de ses deux premiers accouchements (pour ses enfants) qu'elle a vécus de manière passive ; l'un est né par césarienne, l'autre par voie basse avec une péridurale. Emma explique que l'absence de préparation à l'accouchement a eu pour conséquence qu'elle se sente peu impliquée et démunie dans l'ajustement entre son corps et les mouvements du bébé : « Je trouve que je n'ai pas été très bien suivie… C'est maintenant que je m'en rends compte, en fait. » Elle se renseigne alors sur l'accouchement physiologique qui est moins médicalisé car « l'accouchement, pour un enfant, c'est sa manière d'entrer dans le monde… Je voulais accoucher au moment où j'étais prête et le bébé aussi ». Donc, animée par un idéal altruiste sous-tendu par des enjeux à la fois narcissiques et objectaux, Emma va donc se proposer comme mère porteuse au couple de son beau-frère et ainsi pouvoir vivre une dernière grossesse conforme à son idéal : avoir un « bel accouchement » et leur permettre de devenir parents.
« Il fallait avoir les nerfs [bien] accrochés et être volontaire parce qu'on est passés par des phases un peu compliquées. » La force du désir d'Emma pour cette GPA peut se mesurer aux divers éléments de la réalité qui ont

court-circuité la procédure et qu'elle a surmontés. Cette GPA a duré six ans (!), du moment où elle s'est proposée jusqu'à l'accouchement. D'abord, il y a eu l'opposition de son mari. Ensuite, les démarches préalables ont été difficiles. Après avoir trouvé un gynécologue qui accepte de les accompagner, celui-ci prend sa retraite quelques mois plus tard sans que son équipe souhaite prendre le relais. De même, pour qu'Emma puisse devenir mère porteuse, il fallait que Victor et Alexandre trouvent une donneuse d'ovocytes car ils ne pouvaient pas bénéficier de la banque d'ovocytes en raison de leur homosexualité (la règle à l'époque en Belgique).
En Belgique, les services de PMA accompagnent les patientes jusqu'à la fin du premier trimestre. Les mères porteuses sont ensuite suivies par le gynécologue de leur choix. Dans ces années-là, elle n'était pas accessible aux couples homosexuels. L'accord de la clinique obtenu, deux transferts d'embryons avec les gamètes de Victor (le frère du mari d'Emma) échoueront. Victor est alors en arrêt professionnel et se retrouve indisponible pour la poursuite de la GPA pendant pratiquement une année. Cela éprouvera les deux hommes qui se sentent lésés et découragés.
À ce stade, la situation se retourne. Les deux femmes (Emma et la donneuse) éprouvent le besoin de discuter entre elles, car elles trouvent que Victor et Alexandre sont peu impliqués dans cette GPA. Elles se questionnent quant au réel désir des pères d'avoir un enfant : « On avait l'impression de presque porter leur projet… C'est pas notre projet, les gars, si vous voulez vraiment, faut vous

impliquer d'avantage... » De plus, l'absence d'implication des pères entraîne chez Emma une angoisse liée à l'avancement de son âge et elle craint de ne pouvoir concrétiser le projet : « Je voulais que ce soit avant mes 40 ans parce que là, une grossesse, c'est pas non plus de tout repos et c'était un peu juste... Ça a duré longtemps, c'est que j'avais mis entre parenthèses un peu ma carrière, toutes sortes de projets... À un moment donné, il a fallu que je dise : "Bon les gars, pour moi, y'en a plus pour trois ans de stand-by, quoi..." » Voici que le désir semble porté par Emma. On peut dès lors imaginer que cela la confronte à l'intensité de son désir de GPA qui suscite une certaine confusion quant à savoir qui désire cet enfant. Elle va donc tenter de raviver le désir des pères ; l'enjeu étant de remettre chacun à sa place ; ce qui présuppose la possibilité de différencier les désirs de chacun. Elle évoquera un peu sa sœur qui est la première personne à qui elle se confiera sur la GPA, après son mari.

À ce stade du processus, la donneuse a accepté de donner une seconde fois des ovocytes. Neuf embryons sont obtenus. Emma fixera elle-même une limite et s'engagera pour trois nouveaux transferts avec les gamètes d'Alexandre jugés de meilleure qualité que ceux de Victor : « Je leur ai quand même dit : "Les gars, moi, je ne fais pas neuf essais". Parce que c'était quand même, à chaque fois, assez prenant parce que je devais prendre des hormones pour stimuler mon utérus pour qu'il soit bien..., il fallait que j'aille à l'hôpital pour qu'elle regarde, faire une écho, une prise de sang mais c'était chaque fois à ----- (à cent kilomètres de mon domicile) ».

Une grossesse prend au second essai. Si Emma n'avait jamais pensé auparavant être mère porteuse, elle sait qu'elle ne l'aurait pas fait pour des inconnus : « C'est de notre famille, je les connais, je sais où le bébé est né, voilà. » La question des origines semble donc guider inconsciemment son engagement. Au début de l'entretien, Emma dira avoir porté pour son beau-frère, or c'est Alexandre qui est finalement le père biologique de l'enfant. C'est également lui qui, au départ, occupe une place centrale en proposant à Emma d'être leur mère porteuse. Dans cette scène inaugurale évoquée plus haut, les deux pères semblent non différenciés ; à tout le moins semblables.

À ces liens narcissiques, il convient d'ajouter un lien fantasmatique homosexuel qui apparaît important entre Emma et la donneuse au moment du désinvestissement du projet parental des deux pères. Elles se retrouvent à désirer pour les pères ce qu'ils n'arrivent plus à désirer. Peut-on considérer qu'il s'agisse d'une déclinaison supplémentaire de la scène primitive de conception ? Ce lien apparaît également lors de la période préparatoire au transfert d'embryons, lorsque les deux femmes doivent accorder leurs cycles : « Il faut qu'on s'accorde, qu'on essaie d'avoir nos cycles en même temps. C'est quand même un peu compliqué, en fait, donc voilà. » Emma adhère au désir formulé par Alexandre en envisageant d'être leur mère porteuse, mais elle intègre aussi son mari en insistant auprès de lui pour obtenir son accord. C'est aussi à lui qu'elle annoncera en premier la grossesse et il sera au final le seul qui l'accompagnera à l'accouchement. En conséquence, par son accord et par le souhait de sa présence à certains moments, le mari d'Emma pourrait représenter un tiers symbolique qui autorise la conception d'un enfant hors du couple, entre beau-frère et belle-sœur, ainsi que l'accès à la parentalité gay pour son frère. Victor et Alexandre, de leur côté, ont trouvé la donneuse d'ovocytes qui est une amie du couple.

Le récit de la scène de l'accouchement représente pour Emma, avec la rencontre entre Victor, Alexandre et le bébé, le plus beau moment. Au départ, la scène fantasmée par Emma est celle-ci : « J'avais déjà bien construit tout, j'avais déjà tout imaginé, j'avais vraiment souhaité un accouchement dans une maison de naissance. Donc en fait, c'est comme dans une maison classique où on arrive, il y a une petite cuisine, enfin un peu comme un accouchement chez soi… J'imaginais un moment à quatre avec mon mari, Victor et Alexandre et moi, je m'imaginais ça. »

Cette scène sera racontée à l'équipe de sages-femmes de la maison de naissance qui les (Emma, Alexandre et Vincent) encadrera tout au long des divers rendez-vous de la grossesse. Ces sages-femmes occuperont une place charnière. Elles vont rappeler la dimension de l'intime dans l'accouchement et proposer un remaniement de la scène : le mari d'Emma l'accompagnera lors de l'accouchement et les pères arriveront juste au moment de la délivrance pour recevoir l'enfant. Emma va progressivement se reconnaître dans cette proposition qui la maintient au centre de l'expérience mais redistribue la place de chacun des acteurs en présence : « C'est vrai qu'après coup, je me suis dit en fait : … c'est… comme (s'ils avaient été là ;

je n'aurais pas voulu qu'ils soient là à regarder en fait...)... Je pense qu'ils n'auraient pas aimé voir l'accouchement. Je me suis rendu compte que ce n'est pas eux que je veux à côté de moi pour accoucher, c'est... c'est mon mari que je veux pour l'accouchement et après, je me suis dit : ils m'auraient stressée, je pense, en fait... par leur impatience, je crois qu'ils m'auraient transmis du stress et donc je me suis dit : non, c'est avec mon mari que je veux vivre ça et puis partager. » Ces sages-femmes semblent donc représenter dans cette GPA une fonction maternelle, car elles écoutent, accompagnent, soutiennent, prennent soin d'elle. On pourrait dire aussi qu'elles tiennent une fonction paternelle, tierce, qui vient réassigner les rôles et encourage la différenciation dans une expérience qui est teintée d'une certaine confusion.

La scène de l'accouchement d'Emma semble couplée à des enjeux narcissiques grandioses. « Ils n'assistaient pas... je pense qu'ils ont compris aussi que c'est un moment intime même si c'était leur bébé, mais ils venaient tout de suite dès que le bébé sortait... Ils sont arrivés tout juste parce que ça a été fort vite l'accouchement, en fait. Donc, ils sont arrivés tout juste pour la réception du bébé et c'était vraiment super. Et donc c'est comme ça que ça s'est passé et c'était, c'était merveilleux (on la sent émue)... On a vraiment vécu un moment hors du commun... inimaginable... J'ai de la chance de l'avoir vécu... c'est exceptionnel et que c'est riche et que... que je suis heureuse pour Alexandre et Victor, et fière, je peux le dire... On ne peut pas imaginer, en fait, ce que c'est avant de le vivre. C'est comme

devenir parent, on peut imaginer certaines choses mais quand on est parent, c'est, on ne peut pas imaginer ce que ça rapporte, et voilà, oui, c'était vraiment, c'est une histoire d'amour, en fait, je trouve (elle a les yeux qui se remplissent de larmes)… On ne sait pas partager plus que ça, en fait. J'ai l'impression d'avoir donné une petite partie de moi, créé une nouvelle famille et oui, c'est vraiment un sentiment de partage profond, je dirais… et de… d'avoir donné un nouvel amour, grâce à ma contribution, il y a une nouvelle famille… et ça, je suis supercontente. »
Tout se passe comme si, à travers cette GPA, Emma trouvait une forme de mise au monde qui pourrait cautionner l'effacement du sexuel et de la différence des sexes tel qu'il s'est opéré chez le couple d'hommes. Car Emma se présente comme une femme au ventre fécond et fécondable par la force du désir paternel masculin. Elle dira même que de tous ses accouchements, celui-ci a été « le plus beau ». En outre, questionnée sur le fait de porter un enfant pour un couple où il n'y a pas de mère, elle répond : « C'est pas tellement qu'il y a une absence de maman, c'est qu'il y a deux papas…, oui, y'a pas de maman mais y'a deux papas… C'est un couple parental différent tout aussi aimant, efficace, je pense… Ben, ils sont peut-être pas une femme mais en fait, ils s'en occupent aussi bien que… une femme ; c'est vrai qu'on a l'impression que les hommes n'ont peut-être pas un instinct maternel mais finalement toutes les femmes n'ont pas l'instinct maternel et un papa peut aussi avoir un… un instinct maternel. »
Cette projection du maternel sur le couple permet dès

lors à Emma de pouvoir être rassurée sur la manière dont Victor et Alexandre vont prendre soin du bébé qu'elle a porté. Elle peut donc se dégager progressivement de son investissement avec lui.

Quid de sa représentation du lien à l'enfant ? En sus des éléments déployés ci-dessus, deux autres éléments centraux viennent s'y enchevêtrer qui constituent des étapes charnières dans cette grossesse :

• L'implication des pères. Emma relate que les pères ont été peu présents lors de la grossesse. Comme elle est déçue de leur manque d'investissement dans la grossesse, elle a dû demander à son mari de se faire l'interlocuteur auprès de son frère. En effet, elle craignait tout au long de la grossesse que les deux pères ne s'attachent pas à l'enfant : « C'est deux hommes. Je me dis : oui, les femmes j'ai l'impression que c'est peut-être plus naturel enfin, ça vient ne serait-ce que par la grossesse. En plus, on ne vivait pas ensemble donc ma grossesse, ils l'ont vécue à distance… est-ce qu'ils se sentent, est-ce que ça va venir, je me posais des questions… est-ce qu'il y a quelque chose qui se passe chez eux ? ». Elle dira qu'elle a essayé de les impliquer. L'échographie était une étape qui leur a permis de se construire une représentation d'eux en tant que parents : « Une échographie où on a vraiment bien vu le bébé et où Victor a dit : Ah ça y est, là, je me sens vraiment père. » Il s'est rendu compte, en fait, que c'était vraiment un bébé, que c'était le leur et ça c'était vraiment chouette aussi, quand ils étaient là pour l'écho quand on a entendu le petit cœur qui battait et qu'il a pu dire :

« Oui, là, c'est vraiment vrai, j'en reviens pas. Je crois qu'il a vraiment conscientisé à ce moment-là, que c'était vraiment bien en les faisant venir à ce moment-là pour qu'ils puissent sentir les mouvements du bébé. »

• Le partage des ressentis des mouvements du fœtus en est une autre. Elle faisait des vidéos de son ventre « qui bouge » qu'elle leur envoyait ; de plus, elle les faisait venir chez elle afin qu'ils sentent le bébé bouger. Malgré ces signes, au moment de l'accouchement, la peur est toujours présente. Comme si cela n'était pas révélateur d'un processus de parentalité en construction chez les deux pères. Elle se dira surprise de la réaction de Victor : « J'avais peur. Et puis, quand je l'ai vu la première fois (elle parle de Victor) : et non, en fait c'est son bébé et ça lui est venu comme ça… quand ils ont eu Christian dans les bras, c'est arrivé tout seul… Je crois que tout s'est fait en quelques fractions de seconde. C'est, je crois, quand j'ai (accentue) vu leur réaction… en fait, ça s'est vraiment vu comme ça l'amour qui, tout de suite, là, c'est sorti comme ça (elle a les larmes aux yeux)… Oui, il serait bien, le bébé serait bien là… Oui, ça s'est vraiment passé si vite et je pense que notre choix d'accouchement était vraiment le bon, parce que c'est grâce à tout ce qui a été mis en place… dans la salle d'accouchement. »

En tant que mère porteuse, son désir d'assurer la continuité générationnelle pour ses beaux-frères en leur permettant de devenir pères nécessitait que cet enfant qu'elle porte soit reconnu par eux. Toutefois, à travers un jeu tantôt porté par elle, tantôt par les pères, se dégagent les incertitudes de la naissance du lien parental, de l'amour parental. L'énigme se résout par la surprise qu'elle décrit à la manière d'un coup de foudre des deux pères pour l'enfant lors de l'accouchement.

Emma gère bien son inquiétude de s'attacher à ce bébé. Elle se sent capable de mener à bien cette grossesse, car elle ne veut plus d'enfant. Il faut ajouter à cet argument le fait de ne pas être liée génétiquement à ce bébé : « Génétiquement, ce n'est pas moi et je pense que c'est comme ça aussi que j'ai pu, à la naissance, vraiment transmettre… le bébé sans arrachement, sans être arrachée… » Néanmoins, la crainte de s'y attacher va infiltrer la grossesse. Ne ressentant pas d'attachement particulier lors de la grossesse, elle a alors imaginé qu'elle s'y attacherait à l'accouchement : « Est-ce que je ne vais pas avoir une bouffée d'hormones et d'amour qui… Je ne voulais pas qu'on le risque… je ne voulais pas ne pas vouloir le lâcher par exemple ; je m'étais imaginé ce genre de situation où je ne veux plus le lâcher. »

Lorsque je lui demanderai si elle avait peur de devenir maman, elle me répondra que oui. On peut dès lors penser que l'insistance évoquée plus haut quant à l'implication des pères est mise en œuvre afin de permettre à Emma de s'effacer d'une partie de l'expérience maternelle de la GPA et ainsi se prémunir de la perte. D'abord, pendant la grossesse, elle dira ne pas s'être trop imaginé ce bébé et lui avoir parlé comme si elle était sa tante. Ensuite en cherchant à éviter tout mouvement de régression fusionnelle, elle construit avec les pères un scénario dans lequel elle tente de les mettre en position de substitut maternel. Puis lors de l'accouchement, elle refusera qu'on dépose le bébé sur elle et dira que c'est important pour les pères d'avoir l'enfant sur eux tout de suite pour le peau à peau. Ensuite, elle avait décidé de ne pas tirer son lait pour « éviter de rester dans le contexte de la maternité sans bébé à la maison ». Toutefois, lorsque la montée de lait se produit quelques jours plus tard, elle se demande si elle a fait le bon choix et hésitera à tirer son lait ; ce qu'elle ne fera finalement pas pour son propre confort. Quant aux propos énigmatiques « C'est pas tellement qu'il y a une absence de maman, c'est qu'il y a deux papas », pour ensuite dire : « C'est, oui, il n'y a pas de maman mais il y a deux papas… Moi, je sais que je ne suis pas la maman, que je ne s… c'est eux les parents, moi je… » S'il est évident que la place des pères est claire, nous découvrons donc les mouvements paradoxaux qui la traversent : « absence de maman/pas de maman/des parents » Comment se représente-elle, alors ? L'implication des pères lui permet de reprendre sa vie assez facilement et, de son côté, elle sera étonnée de ne pas s'être attachée au bébé : « Le projet était fini, voilà. Mon implication dans le bébé après l'accouchement, c'était fini. Ma part elle est faite, le bébé était avec ses papas, dans leur bras et euh… et moi, je recommençais ma vie d'avant… Je sais que je ne suis pas la maman, c'est eux, les parents… il y a deux papas… j'ai été la couveuse, je lui ai donné l'alimentation, ce qu'il fallait, mais génétiquement, ce n'est pas moi. » Elle ajoutera aussi que la longueur de la GPA (six ans) a permis que le travail psychique préalable à la séparation puisse avoir lieu. Tout cela lui permet de dévoiler en fin d'entretien le rôle de la fonction corporelle sur laquelle elle s'appuie pour définir le lien ; le corporel se lie au psychique : « J'ai un lien particulier, il y a un petit truc en plus, il a vécu en moi pendant neuf mois... C'est sûr que c'est pas comme mes neveux classiques parce que finalement, c'est mon neveu aussi. » Emma a désiré voir Christian assez rapidement après que les pères l'ont pris à l'accouchement car, dira-t-elle, elle ne se l'était pas trop imaginé. Nous pouvons ainsi dégager les investissements envers le bébé qui est toujours évoqué dans le lien aux deux pères : « Je n'avais rien imaginé et c'est vrai que quand je l'ai vu, c'est toujours un moment, puis j'étais contente qu'il ait tout ce qu'il fallait où il fallait et qu'il soit bien potelé. Je me dis : ça va, je leur donne un bébé... Qu'il était mignon, il était en fait déjà serein quand il est né donc c'était un soulagement pour moi de voir que tout était normal... Que tout allait bien, ça c'était vraiment un soulagement. » Ces propos visent donc à reconfirmer que ses capacités à mettre au monde des bébés sont toujours intactes. Emma serait un objet contenant, transitoire, transformateur, nourricier, non maternel et créateur d'une parentalité qui lui permet le maintien d'un certain mode relationnel avec le bébé.

Il est important d'ajouter qu'au moment de l'entretien, elle est toujours la mère légale de l'enfant jusqu'à ce que la procédure d'adoption par son beau-frère aboutisse. Victor et Alexandre venaient seulement d'obtenir le jugement attestant la paternité d'Alexandre par voie de filiation. De plus, un autre élément qui peut contribuer à la confusion est le fait que cet enfant porte toujours les mêmes noms de famille que le dernier fils d'Emma et de son mari. Le surinvestissement de l'accouchement par Emma qui la renvoie à sa propre histoire antérieure à la GPA permet peut-être de masquer des enjeux plus compliqués liés au fait qu'elle a fait un enfant pour son beau-frère ou le compagnon de ce dernier (c'est en fait avec le sperme d'Alexandre et non celui de son beau-frère, Victor, que l'embryon a été conçu), la confusion entre les deux est entretenue par Emma. C'est Alexandre le père ; mais pour l'état civil belge le bébé porte le nom du mari d'Emma (qui est aussi le nom de Victor puisqu'il s'agit de son frère !) un détail qui n'en est pas un ! Emma et Victor s'étaient présentés comme couple à la clinique puis à l'état civil.

Ces deux histoires excellemment analysées par Mónica Bourlet permettent en premier lieu au lecteur de se faire une idée de la différence entre une GPA relationnelle en famille et une GPA par FIV *via* une agence, comme c'est le cas aux États-Unis ou au Canada.

Il s'agit dans ces deux cas d'une GPA relationnelle, en famille et sans argent. J'ai constaté au cours de cette thèse que les avis des spécialistes (dont les professeurs Naziri, Golse et Missonnier) se sont montrés très ouverts et intéressés par ces types d'arrangement. Je ne le suis pas moins mais je reste assez perplexe du fait de la dimension incestuelle dans la psychodynamique à l'œuvre ; ne risque-t-elle pas, à terme, d'entraîner un brouillage des liens familiaux pour l'enfant conçu ainsi ? La législation belge a l'avantage d'éliminer une pression possiblement liée à question de l'argent ; mais il peut y avoir une forte pression familiale non quantifiable mais tout aussi forte.

La psychanalyse n'est pas au demeurant un outil prédictif. Un exemple ici : dans la seconde histoire où la sœur porte pour le couple homosexuel de son frère, il existe une dimension transgressive importante (manifeste dans le jeu avec le système belge : le faux couple sœur/beau-frère se présente à l'état civil). Mais, au bout du compte, la famille s'avérera être une famille normale étant, en quelque sorte « retombée sur ses pieds ». Ce qui est emblématique de tous ces cas – habituels en GPA – où, après une parenthèse maternelle – que les Grecs nomment « maternité intercalée » – la valeur « famille classique » est préservée. La GPA n'est ainsi pas une façon si « révolutionnaire » que ça de faire famille !

N'y a-t-il pas toujours au demeurant une dimension transgressive dans la procréation ? Le psychanalyste Bernard Golse a bien montré que tout projet de parentalisation comporte un vécu de transgression par rapport aux propres images parentales des futurs parents. Et la gestation pour autrui, de par son absence de cadre institué et sa référence à une maternité plurielle, exacerbe la dimension transgressive[1].

1. Bernard Golse, « La grossesse des parents adoptants (réflexion sur la procédure d'agrément) », *in* Sylvain Missonnier, Bernard Golse et Michel Soulé (dir.), *La Grossesse, l'Enfant virtuel et la Parentalité*, PUF, 2004, p. 194-213.

Enfin, en analysant mes contre-attitudes, je ne peux m'empêcher de comparer les GPA « à la belge » aux GPA « à l'américaine » où tout est différent, y compris le dédommagement financier. On manque de recul sur ces recherches et sur cette clinique. Avant de juger, il faut écouter.

En attendant… Ces lignes de Claude Lévi-Strauss dans *L'Anthropologie face aux problèmes du monde moderne* permettent également de relativiser la transgression opérée dans cette histoire[1].

Dans le texte « Nous sommes tous des cannibales[2] », Claude Lévi-Strauss écrit : « Dans certaines sociétés (au Tibet et chez les Tupi Kawahib en Amazonie), on n'ignore pas les liens biologiques réels mais on leur accorde peu d'importance. Un homme pouvait épouser plusieurs sœurs, ou une mère et sa fille née d'une union précédente ; ces femmes élevaient ensemble leurs enfants sans guère se soucier, semblait-il, si tel ou tel enfant dont l'une d'elles s'occupait était le sien ou celui d'une autre épouse de son mari. »

Poursuivant maintenant le fil d'une GPA pour un couple d'hommes, j'invite le lecteur à lire un de mes cas cliniques bien différents de la GPA relationnelle exposée dans le cas d'Emma.

---

1. Conférence prononcée à l'université de Tokyo au printemps 1986 reprise *in L'Anthropologie face aux problèmes du monde moderne*, *op. cit.*, p. 70-71.
2. *Ibid.*, p. 97.

Benoît ou « une mère porteuse en quête d'ascension sociale »

J'ai rencontré Benoît *via* un réseau amical. Il est marié à Richard (américain, d'une famille juive décimée par la Shoah) et ils ont une petite fille, de 4 ans maintenant, conçue par GPA en Californie. Si je cite ce cas, c'est parce qu'en accord avec la mère porteuse, les deux hommes avaient décidé de ne pas maintenir de relation avec la gestatrice après la naissance. C'est un cas qui tranche avec l'idéologie familialiste mise en avant par les agences (ils sont cependant passés par une agence…).

La mère porteuse, Betty, avait à l'époque 32 ans et était mère de 3 enfants. C'était sa première GPA dans une clinique de San Diego gérée par une agence.

Le parcours de Betty est le suivant : elle a eu ses 2 premiers enfants avec un père qui n'en voulait pas ; et le troisième d'un autre père qui n'en voulait pas non plus. Elle souhaitait ainsi avoir un enfant d'un homme qui avait envie d'avoir un enfant avec elle. C'est l'agence qui a fait le *match.* Elle est américaine et catholique. Sa sœur a été elle-même mère porteuse. Sa propre mère la soutient dans son projet (elles habitent près l'une de l'autre). Betty travaillait dans une usine de plâtre, elle a arrêté de travailler pendant la grossesse. Elle a touché 50 000 dollars (c'était en 2020) et s'en est servie pour faire une formation et changer de métier (elle veut devenir aide-soignante). Elle a eu des relations très distantes avec le couple ; ils l'ont rencontrée en chair et en os seulement huit jours avant l'accouchement. Auparavant les échanges se passaient par téléphone et par WhatsApp (et avec des photos). Les deux hommes avaient fait un recueil de sperme un an avant pour ne pas perdre de temps une fois la mère porteuse trouvée. La rencontre a eu lieu dans un restaurant et Benoît me disait que c'était étrange de se trouver soudain face à face avec une femme enceinte de lui ou de Richard ! La donneuse d'ovocytes (anonyme) leur a coûté 8 000 dollars ; leur fille pourra demander son identité à l'agence quand elle sera majeure. Les pères ont un dossier médical sur elle.

Le rendez-vous d'adieu à la mère porteuse a eu lieu quand leur bébé a eu un mois sans émotion particulière. Personne ne tient à se revoir. Tout le monde a trouvé son compte dans cet arrangement, me dit Benoît.

Les pères avaient quatre embryons, la moitié avec le sperme de chacun. Le transfert de l'embryon conçu avec le sperme de Richard a marché tout de suite et a donné lieu à la naissance de leur fille. Benoît dispose de deux embryons congelés. Ils verront plus tard quelle décision prendre (la loi est la même qu'en France : si pas d'utilisation personnelle, il y aura don à un couple ou à la recherche).

À l'âge de 4 ans, la petite fille se développe « normalement », me dit la grand-mère presque étonnée… ; mais cette dernière aimerait bien avoir un petit-enfant de son fils.

Ce récit peut paraître très froid. En réalité, comme l'a dit Benoît, chacun a été respecté dans sa décision. Les deux hommes ont de l'admiration pour Betty qu'ils ont trouvée très cohérente, intelligente dans son projet de profiter de cette occasion pour quitter un métier sans intérêt et pas valorisé. Ils ont compris que pour elle la grossesseseule n'était pas un problème. Ils ont aussi remarqué un entourage familial très soutenant (sa mère, sa sœur) qui lui a permis de mieux passer les mois qui ont suivi la naissance au cas où elle aurait eu besoin de parler. La somme d'argent gagnée avec cette grossesse lui permettra aussi d'apporter plus de confort à ses 3 enfants, dit Benoît. Je n'ai pas pu m'entretenir avec Betty, car la communication de son identité est interdite par son contrat. Mais je peux l'imaginer, tellement Benoît m'a parlé d'elle de manière vivante. Je pense qu'elle s'est sentie respectée par ces deux hommes qui appartiennent à une sphère de la société dont elle n'a qu'une vague idée. Ils souhaitaient vraiment qu'elle porte leur enfant, ce qui correspondait en partie au désir de Betty. Ils n'excluent pas de lui envoyer des photos de leur fille plus tard.

Cette histoire permet de jeter un regard neuf sur le vécu de la grossesse chez une femme qui porte un embryon qui lui est totalement étranger, une grossesse qu'elle n'investit probablement pas comme ses trois premières grossesses, peut-être de manière opératoire[1], avec une grande distance

1. La pensée opératoire se caractérise par une absence d'affect au terme d'un court-circuit d'élaboration mentale.

vis-à-vis des parents d'intention. Ce qui est assez différent de ce qu'on rencontre souvent dans les scénarios de GPA où les parents, on l'a vu, font « équipe » ou même « famille » avec les gestatrices. Cette histoire donne beaucoup à comprendre de ce qu'est la grossesseseule dans une GPA : une grossesse déconnectée de tout projet parental et de toute parenté (il y a en revanche de la *parentalité* comme je l'ai montré plus haut). L'absence de relations après la naissance entre la mère porteuse et les parents d'intention n'est pas forcément pathologique si les parties l'ont décidé ainsi. Il existe aussi dans cette histoire un contexte religieux typique des États-Unis.

Voici maintenant deux autres cas assez atypiques de GPA fournis par l'anthropologue américaine Charis Thompson ; ils font écho aux lignes précédentes[1].

Aux États-Unis, il est rare, mais non exceptionnel, que ce soit une fille qui donne un ovocyte à sa mère. L'anthropologue Charis Thompson, au cours de l'étude qu'elle a menée dans un centre californien d'infertilité, a analysé un cas de FIV dans lequel l'embryon était le fruit de l'ovocyte de la fille d'une patiente et du spermatozoïde du second mari de cette dernière.

Ces histoires qui datent des années 1980 n'ont plus cours aujourd'hui, mais elles apportent un éclairage

1. Charis Thompson « Fertile ground : Feminists theorize infertility », *in* Marcia Inhorn, Franz von Balen (dir.) *Infertility Around the Globe. New Thinking of Childlessness, Gender and Reproductive Technology*, Berkeley University of California Press, 2002.

significatif au champ des possibles engendré par la fragmentation des liens corporels dans l'ère post-FIV.

Une fille donne un ovocyte à sa mère dans le cadre d'une GPA

Ute a été ménopausée assez tôt, à 42 ans. Devenue infertile, elle et son mari ont projeté d'avoir un enfant par FIV. Le scénario imaginé et réalisé par ce couple a été le suivant : un embryon a été conçu avec le sperme du mari d'Ute et l'ovocyte de la fille de cette dernière, née d'un premier mariage de Ute, et c'est une mère gestationnelle qui a porté le bébé[1]. Dans la justification qu'elle donne de ce montage un peu étrange, Ute insiste sur la similarité génétique entre elle et sa fille ; c'est ainsi d'ailleurs qu'elle qualifie le lien qu'elle aura avec le bébé : elle sera la mère de la mère de ce bébé, donc une « grand-mère/mère ». La famille s'est mise d'accord pour garder le secret sur le rôle de la jeune fille qui est à l'évidence quelque peu complexe en termes de parenté... L'anthropologue fait le commentaire suivant : « La fille de Ute, Pamela, a été préservée du fait d'être considérée comme mère génétique pendant la grossesse par l'insistance, dans le discours

1. Voir Charis Thompson, « Strategic naturalizing : Kinship in an clinic », *in* Sarah Franklin, Susan McKinonn (dir.), *Relative values. Reconfiguring Kinship Studies*, Duke University Press, p. 175-202.

d'Ute, à souligner l'importance du lien génétique entre elle et sa fille. »

J'ajoute que cette « cuisine de sorcières », tout acrobatique qu'elle soit[1], n'est en tout cas pas incestueuse, au sens propre en tout cas, dans la mesure où le père du bébé n'est pas le père de Pamela. Il y a sûrement de l'incestuel cependant.

Giovanni : une femme devient mère grâce à une amie

Charis Thompson donne une analyse d'un autre cas rencontré au cours son étude. Après plusieurs tentatives de FIV dues à une insuffisance ovarienne, Giovanni a réussi à être enceinte d'un embryon procréé par FIV avec le sperme de son mari et l'ovocyte d'une amie. Giovanni attache beaucoup d'importance à son propre rôle gestationnel dans l'engendrement de cet enfant ; elle insiste notamment sur le lien biologique qui s'est forgé entre elle et le bébé pendant ces neuf mois, minimisant ainsi l'apport de l'ovocyte de son amie.

L'anthropologue trouve particulièrement inventif et cohérent le travail mental que certaines de ces mères élaborent afin de construire un lien entre elles et les enfants conçus *via* ces procédures d'AMP. Dans l'analyse

1. Un « inceste du deuxième type » pourrait aussi ici être évoqué.

qu'elle donne, elle qualifie de « stratégies de fabrication de parenté » auxquelles – à partir de « faits biologiques bruts » – se livrent les personnes interrogées. Le terrain ethnographique – sorte d'équivalent de la clinique pour les psychanalystes – montre cependant que les dilemmes et les choix des patients de ces cliniques californiennes se posent en des termes radicalement autres que ceux des couples français. Non que les humains soient différents ici et là, mais parce que les cartes de la filiation ne sont pas, en termes institutionnels et légaux, distribuées de la même manière.

CHAPITRE 2

ANALYSE DES RÉSISTANCES : LA GPA ET L'ARGENT

Le sujet de la gestation pour autrui engendre des réactions très violentes de la part de certains opposants. En psychanalyste, je les analyse comme des résistances.

L'argent est le thème favori des anti-GPA et il est souvent assorti d'anathèmes en tous genres (prostitution, achat de bébés, etc.) Ces attaques reposent sur une ignorance – volontaire ou réelle – des situations concrètes dans les cultures qui admettent la GPA. Les faits divers que l'on cite en France – s'ils sont authentiques – reflètent tout simplement les dégâts liés à la condamnation sans appel de la GPA de notre pays, créant de ce fait un vide où s'engouffre tout et n'importe qui… Ai-je assez écrit que les parcours de GPA doivent être encadrés par des lois et des professionnels ?

Parlons du fond. Doit-il y avoir un dédommagement financier pour la gestatrice ? Deux cultures s'affrontent. En Europe, la Grande-Bretagne admet une rémunération ; bien que la GPA soit légale, les normes monétaires sont relatives et une liberté de marche est de mise. C'est une agence d'État, COTS, qui gère les choses. La rémunération semble tourner autour de 15 000 livres (10 000 euros). Mais ce système est réservé aux citoyens britanniques.

En Grèce, c'est l'État qui fixe le montant du dédommagement. On a vu qu'en Belgique et aux Pays-Bas, la gratuité s'impose dans un cadre familial. Je n'inclus pas les pays d'Europe où il y avait une pratique « sauvage » (c'était le cas de l'Ukraine notamment).

Encore une fois, sans cadre légal, on peut trouver n'importe quel arrangement désastreux pour toutes les parties.

Passons aux États-Unis.

Une mère porteuse touche autour de 30 000/40 000 dollars. Ce qui correspond en gros au salaire d'un enseignant dans le primaire pendant un an. Ce n'est donc pas si disproportionné que ça et c'est relatif au coût de la vie (très élevé en Californie) pour une mère porteuse qui doit parfois interrompre son travail. Il y a bien d'autres frais dont les avocats, l'agence, les assurances qui incombent aux parents d'intention. Ces derniers s'endettent lourdement en général. C'est le fonctionnement du système américain pour lequel l'argent n'est pas un tabou ; de même que le fait de percevoir une somme d'argent est loin de résumer les motivations des mères porteuses.

Outre-Atlantique, le Québec a voté il y a deux ans une loi très novatrice sur laquelle il vaut la peine d'insister. Seule une GPA altruiste est autorisée. Selon la loi fédérale, il est interdit de rétribuer une personne de sexe féminin pour agir à titre de mère porteuse ou de faire de la publicité pour le versement d'une telle rétribution. Il existe un règlement fédéral qui précise quels frais supportés par la mère porteuse pourront faire l'objet d'un remboursement. Son contenu, particulièrement protecteur pour la mère porteuse, est intéressant à donner en détail : il concerne les frais de déplacement, les services juridiques, les frais relatifs aux vêtements de maternité, les frais de télécommunications, les frais liés aux cours de préparation à l'accouchement, à l'accouchement et aux services d'une sage-femme ou d'une *doula.* Ils incluent aussi les frais relatifs à une assurance maladie, à une assurance vie, à une assurance invalidité ou à une assurance voyage ainsi que l'indemnisation de la mère porteuse pour perte de revenus au travail en cas d'incapacité reliée à la grossesse[1]. Il y a beaucoup à comprendre de cette loi innovante qui montre qu'il peut exister une GPA éthique. Connaître ce protocole d'une grossesse pour autrui bien pensée est de nature à nuancer une condamnation trop rapide de la GPA dans le débat français. Au Canada, il existe une pratique importante de la GPA dans l'État de l'Ontario, pratique plus ou moins calquée sur le modèle américain.

Passons aux aléas de la loi française. Notre loi était marquée par l'arrêt Alma Mater (1991) qui avait fort justement

1. Chantal Collard et Geneviève Delaisi de Parseval, « La loi innovante adoptée au Québec montre qu'il peut exister une grossesse pour autrui éthique », art. cit.

condamné la pratique du docteur Geller dans son association Les Cigognes (voir *supra* p. 25). Puis la loi de bioéthique a interdit la GPA au terme de l'article 16-7 du Code civil : « Toute convention portant sur la procréation ou la gestation pour le compte d'autrui est nulle. » Depuis, cette condamnation a été renouvelée de révision en révision, ce qui n'a pas été sans entraîner des pratiques illégales, on l'a vu, ou des recours à des pays étrangers faits par des parents d'intention désespérés.

Outre le tabou français sur l'argent en général, attardons-nous sur ce qui est très spécifiquement *un don de gestation.* Il faut ici faire un détour par ce don de corps très présent dans quasi toutes les PMA. Cela a commencé par le don de spermatozoïdes dans l'IAD, puis s'est prolongé par le don d'ovocytes, puis par le don d'un embryon d'un autre couple (appelé euphémiquement « accueil) » ; sans compter d'autres dons de corps (le plasma, le sang de cordon, par exemple), tous dons recouverts par l'anonymat jusqu'à la dernière révision de la loi de bioéthique en 2022. Il aura fallu presque trente ans (1994-2022) pour que la loi prenne en compte la dimension de don de corps d'une personne à une autre, ce qui suppose le non-anonymat des gamètes donnés pour l'adulte qui en sera issu. On peut ainsi imaginer que prendre en compte le don de corps que fait une gestatrice dans la GPA prendra peut-être quelques décennies… encore que l'influence des pays proches ne soit pas négligeable.

Quant à la question de la gratuité, il faut savoir qu'il existe depuis longtemps dans la loi française des dons de corps indemnisés : c'est le cas du don de lait dans le cadre d'un lactarium fait par des mères qui donnent leur surplus de lait après un accouchement. C'est également les cas des « volontaires sains » qui se prêtent à des recherches biomédicales (le don de plasma, par exemple) où le tabou de l'argent a été quelque peu desserré. J'avais proposé au législateur en 2009 l'idée de retenir le concept de « volontaire sain » pour la GPA. Un combat perdu d'avance. Il existe enfin des dons de corps non rémunérés : le don d'organe, un rein, par exemple, donné de manière non anonyme à quelqu'un de la famille. On trouve une abondante bibliographie sur le sujet. Tout cela pour dire que le don de corps existe et que son statut symbolique diffère selon les cultures et les époques. Car c'est bien de symbole qu'il s'agit, encore plus peut-être quand il s'agit des représentations qui concernent la maternité. On voit que la loi française considère presque comme « sacrilège » (au sens chrétien du terme) le fait de pouvoir penser une dissociation, un clivage entre le ventre porteur d'une femme enceinte et son contenu (le fœtus). Le tout dans un contexte où ladite femme enceinte a librement décidé de donner le bébé après l'accouchement (on a vu qui s'agit en réalité de le « rendre » après l'avoir « materné » pendant la grossesse). Il existe en effet ce « quelque chose en plus » : le fait qu'il a été nourri et que la gestatrice en a pris soin pendant neuf mois dans le cadre de ce que j'appelle la *matérialité utérine.*

Du don et du contre-don

Mais là, un nouveau détour s'impose si on veut bien comprendre la psychodynamique de la GPA. Il ne s'agit pas en effet d'un simple don (à supposer que le don soit simple !) mais d'un don dirigé, d'un don d'une femme à une autre femme (ou à un couple) et qui renvoie à la logique de l'échange et du contre-don tel que décrit par Marcel Mauss en 1925, dans *Essai sur le don*[1]. Depuis mon premier article sur les PMA, « Don et contre-don dans le don de sperme » dans *Le Concours médical*, 1979, je travaille la question du contre-don et j'analyse les résistances à le comprendre. Dans la GPA, il est frappant que le débat est biaisé ; on refuse de voir que les mères porteuses font un don complexe – à leur insu parfois – dont l'argent occulte la psychodynamique ; et les parents d'intention acceptent ce don dans le cadre d'une psychodynamique de contre-don. Contre-don qui s'analyse en termes de reconnaissance, de dette, d'estime, etc. C'est une dynamique complexe qui dépend des histoires bien sûr. Comme l'a montré Pierre Bourdieu, le contre-don peut être différé et différent du don ; différent évidemment, et, certes, différé (il peut durer toute une vie). D'où l'importance d'un lien entre mères porteuses et parents d'intention.

1. Marcel Mauss, *Essai sur le don* (1925), PUF, 1925, republié en 2012.

La relecture de l'*Essai sur le don* rappelle, de façon plus actuelle que jamais, tout ce que nous avons perdu en substituant un système économique rationnel à un système dans lequel l'échange des « biens » n'est pas une opération mécanique mais *morale,* qui maintient des rapports humains et personnels entre des groupes et individus. La pratique de la GPA rabattue sur des considérations d'argent souligne clairement ce déficit. C'est un geste profondément humain que celui du don de soi qui permet de se dépasser, de se sentir quelqu'un de bien, comme le dit le comédien Richard Berry qui a donné un rein à sa sœur et comme le disent aussi les mères porteuses.

Il est intéressant de voir comment nos voisins posent cette question. L'équipe espagnole de L'Observatoire de bioéthique (à Barcelone) a, pour sa part, analysé l'usage que les donneuses d'ovocytes font de l'argent qu'elles ont reçu (aider un enfant étudiant, secourir un parent âgé, etc., mais pas refaire sa salle de bains !). Attendons que de futures études analysent ce que font les mères porteuses de l'argent qu'elles touchent, ce que l'on ne sait que ponctuellement (l'histoire de la mère porteuse de Benoît qui a changé de statut social en est un exemple, voir *supra*, p. 136) ; les motivations des mères porteuses indiennes en est un autre[1].

Comme le font les donneuses d'ovocytes, les mères porteuses donnent un sens particulier, qui à l'ovocyte,

1. Elles utilisent l'argent reçu pour donner une meilleure éducation à leurs enfants et pour accéder à un logement plus confortable, un F3, au lieu de la case en pisé.

qui à l'utérus, à deux éléments corporels manquant à la mère d'intention. Dans ce contexte, l'argent peut également donner une signification à leur expérience personnelle comme je l'avais montré autrefois pour les donneurs de sperme[1]. Ces femmes sont en ce sens des « bricoleuses » au sens anthropologique du terme.

Le rôle des agences aux États-Unis

La participation des agences ramène elle aussi à la question de l'argent. Qui dit agence renvoie chez nous à une commercialisation plus ou moins sympathique. Mais là encore le principe de réalité s'impose. On se pose souvent la question de savoir comment se sont rencontrés les mères porteuses et les parents d'intention. Étudier le rôle des agences en dit long sur l'idéologie de la GPA aux États-Unis ; il montre comment la grossesseseule a été théorisée pour rendre la GPA acceptable voire désirable.

J'ai ainsi interviewé deux des plus importantes agences de Californie qui ont des « clients » venus du monde entier. Les bonnes agences ont un rôle très important : elles font d'abord le *match* (l'appariement) entre les gestatrices et les parents d'intention ; puis elles accompagnent couples et gestatrices tout a long du processus et au-delà. Ce sont

1. Voir mon article « Psychodynamique de la paternité dans les cas de PMA avec don de sperme », *Psychiatrie française*, 1998, XXIX (3/98).

de véritables *coachs,* très utiles, surtout pour les couples non américains.

Gaelle, responsable d'une agence en Californie

Cette agence travaille avec des cliniques différentes et avec des « patients » du monde entier. Gaelle me dit qu'ils font appel à des gestatrices très sélectionnées, ce qui rend la recherche difficile. Ils font de la publicité sur des forums notamment. Elle me dit qu'ils portent une grande attention au conjoint masculin de la mère d'intention – s'il existe –, celui qui signe tous les papiers. L'agence fait le *match* entre mères porteuses et parents d'intention. Gaelle remarque que dans un *match* bien fait la plupart des parents d'intention veulent garder contact après la naissance (pendant huit ans au moins dans son expérience). Certains couples viennent chaque année passer des vacances près du domicile de la mère porteuse (c'est le cas du couple Mennesson, voir *supra* p. 66). L'argent est une motivation importante mais ce n'est pas la seule, ensuite viennent les relations. Les parents d'intention signent pour trois transferts d'embryons avec une donneuse d'ovocytes (si nécessaire) choisie sur catalogue sous la responsabilité de la clinique. Tout le monde est très *screené* dit Gaelle, parents d'intention et mères porteuses ; et ça roule, ajoute-t-elle !

Une autre agence : la clinique CACRM à San Diego, Californie

Ma clinique est la plus chère, me dit Evelyn Harroch, mais tout est compris grâce à une assurance étendue. Au terme du *PBO, pre-birth-order,* les parents d'intention deviennent les parents et le nom de la gestatrice disparaît. Notons qu'Evelyn Harroch parle de gestatrices et non de mères porteuses.

Le *match* respecte les souhaits des deux parties : la plupart des parents d'intention, dit-elle, veulent faire une sorte de « famille » avec la gestatrice. L'agence construit par le *match* un profil familial avec les attentes de chacun. Le don d'ovocytes est anonyme, mais il y a une levée possible à la majorité de l'enfant (comme en France). Les gestatrices sont suivies avant et après l'accouchement par des psychologues au sein de groupes de soutien. Il n'existe pas, dit-elle, de différence entre les couples homosexuels et hétérosexuels pour la demande de liens ni si la gestatrice est célibataire avec enfants ou en couple. L'allaitement est possible pendant trois semaines : la gestatrice peut tirer son lait et nourrir le bébé à distance ou bien le donner à des prématurés de la clinique (pour son propre confort dans ce cas-là). Après la naissance l'agence organise une petite fête, tout le monde y participe. À l'américaine…

On remarque que les agences mettent en valeur une « dynamique familiale » entre gestatrice et parents. On sait que ce n'est pas toujours le désir des gestatrices. Mais les agences tiennent compte des attentes de chacun. Et c'est de leur intérêt que « ça marche »… Cette idéologie « vendue » par les agences à l'évidence veut rendre le plus normal possible le recours à une GPA. On a cependant vu que ce n'était pas forcément le désir des mères porteuses. C'est probablement un des points clés du *match*.

CHAPITRE 3

POUR UNE AUTRE HISTOIRE DE LA MATERNITÉ

L'anthropologie fournit un coup de projecteur sur la maternité dans un contexte culturel différent du nôtre ; une démarche comparative qui invite à un décentrement utile. Mais elle offre surtout un terrain d'analyse des transformations de la parenté particulièrement novatrices dont la GPA fait partie, on va le voir.

Dans *Masculin/Féminin*[1], Françoise Héritier, qui décrit en quelque sorte les « structures élémentaires de la féminité » (ma lecture), recommande de garder à l'esprit que, pour que les différents dispositifs relatifs aux nouveaux modes de procréation où s'emboîtent le féminin et le masculin[2] puissent fonctionner : « Il faut qu'elles [ils] soient soutenues sans ambiguïté par la loi du groupe, inscrites fermement dans la structure sociale, et qu'elles correspondent à l'imaginaire collectif, c'est-à-dire aux représentations de la personne et de l'identité. »

1. *Masculin/Féminin II. Dissoudre la hiérarchie*, Odile Jacob, 2002, p. 216.
2. Dont la GPA est une déclinaison.

Un texte qui indique que le dispositif de la GPA, pour être accepté, doit correspondre à une culture donnée, ce qui est le cas aux États-Unis où tous les États – sauf la Louisiane – admettent la GPA. En France, par parenthèse, il faudra donc attendre que la loi de bioéthique inclue la GPA dans les indications médicales d'AMP et que, d'autre part, la représentation de la maternité soit décorrélée de l'accouchement. En attendant il n'est pas étonnant que la GPA soit interdite…

Pour comprendre les enjeux en présence, on peut se référer à l'excellente formule de l'anthropologue Anne Cadoret qui écrivait : « La filiation n'est pas le simple miroir du corps. Entre la reproduction et la filiation se trouve la société[1]. »

À l'évidence la clinique de la GPA interroge l'essentialisme biologique du fait de la séparation de la maternité en trois corps (celui de la mère porteuse, celui de la donneuse d'ovocytes, celui de la mère d'intention). On a vu en effet que la représentation de la maternité est totalement transformée dans la GPA qui met en œuvre des procédés variés qui, tantôt naturalisent, tantôt socialisent certains traits, substances ou comportements, au terme d'un mélange fait de « surprenantes stratégies quotidiennes », selon l'heureuse expression de l'anthropologue Charis Thompson.

On assiste au fond dans ces différentes histoires à des stratégies de procréation et de filiation qui font apparaître

1. Anne Cadoret, « Postface », *Des parents comme les autres*, *op. cit.*, p. 275.

plusieurs clivages articulés autour d'éléments procréatifs qui sont neutres en eux-mêmes (l'utérus, l'ovocyte, l'accouchement). Les différentes configurations de GPA proposent ainsi une distribution variable des éléments de base de parenté que telle ou telle société retient comme pertinents pour établir un lien de maternité. Selon les fantasmes procréatifs imaginés par les candidats à la GPA, ces éléments de base de la parenté sont tantôt mis au premier plan, tantôt minimisés. Aux diverses déclinaisons de GPA présentes dans les histoires que j'ai racontées correspondent ainsi différents scénarios que des futurs parents inventent pour se sentir légitimes et se percevoir comme de « vrais parents » ; et pour éviter que la représentation qu'ils ont de leur chaîne généalogique ne soit interrompue.

Ainsi, tant les stratégies législatives qui encadrent les techniques de GPA que celles des patients eux-mêmes fournissent, à condition qu'on les décode, une sorte de laboratoire vivant où, sous nos yeux, se fabrique « de la parenté ».

On comprend alors que les innovations familiales de ces histoires sont encore plus lisibles à la lumière des clivages suivants.

On s'aperçoit par exemple que les mères d'intention disent souvent qu'elles vivent la grossesse comme le ferait une mère de façon habituelle, surtout dans les cas où celles-ci, à l'instar de Mme Salion, sont mères génétiques et qu'en plus elles allaitent. Quant aux gestatrices, elles se comparent souvent à des nourrices ou à des assistantes maternelles.

Chemin faisant, on remarque d'autres clivages procréatifs dans ce laboratoire de parenté qu'est la GPA, dont les suivants :

• La congélation du sperme et des embryons permet de franchir la barrière du temps, notamment celle de l'ordre de la fratrie, celle-ci pouvant aller jusqu'à inverser l'ordre des générations. Ainsi des parents – anciens patients – ont eu 2 jumeaux d'étuve (*batch siblings)* conçus par FIV le même jour, mais un seul des deux embryons a été transféré dans l'utérus maternel au cours de la FIV et l'autre quelques années après ; les enfants sont donc jumeaux de conception mais ne le sont pas à l'état civil. C'est juste une « curiosité », comme il y en a tant en PMA, sans que cela pose de problème particulier, pour l'instant en tout cas (comment se métabolisera cette histoire pour la fratrie devenue adulte ? le futur de la clinique le dira).

• La GPA permet aussi le franchissement des barrières ethniques : la gestatrice peut porter, on l'a vu, un enfant de parents appartenant à une autre ethnie.

• La GPA peut également permettre de s'affranchir de la répartition des rôles sexués dans la procréation : dans certaines familles homoparentales, on ne trouve que deux mères ou deux pères. Et le cas des transsexuels interroge.

• Il existe enfin un clivage très important : il s'agit du clivage transgenre. L'anthropologue Elly Teman avait remarqué que les mères d'intention disaient attendre leur enfant comme le ferait un père. Elles se plaignaient souvent – de manière humoristique parfois – de symptômes analogues à ceux de la « couvade » : elles prenaient plusieurs kilos, avaient des nausées, des maux de dos, de dents, etc. ; à l'instar des pères qui, de manière classique, chez les pères lambda, voient avec un plaisir narcissique s'arrondir le ventre de leurs compagnes, plein d'un enfant qu'ils portent aussi eux-mêmes dans leurs corps *via* divers symptômes psychosomatiques (c'est la définition de la couvade). Symétriquement, nombre de pères d'intention, conjoints de la mère dans des protocoles de GPA gestationnelles, disent, eux, attendre l'enfant comme le ferait une femme enceinte. Une patiente en plein parcours de GPA me disait, parlant de son mari : « C'est lui, la femme enceinte ! »

- Le « trans-genre » se manifeste également par la revendication d'un certain courant féministe que la donneuse d'ovocytes soit considérée comme un second père, tandis que la porteuse serait la « vraie » mère.
- L'expérience corporelle de la mère d'intention est en outre parfaitement symétrique de celle de son compagnon, le père d'intention : les deux parents fournissent tous les deux leurs gamètes – et rien que leurs gamètes –, ils partagent ainsi la grossesse de la même façon ; ils sont tous deux des *expectants parents*, des « parents qui attendent ». L'égalité des sexes dans la procréation serait-elle enfin réalisée dans la GPA ?

Le ressort du dispositif en présence qui repose en somme sur le principe « la mère n'est pas celle qui accouche » apporte décidément bien des bouleversements qui ne sont pas étrangers aux résistances que la GPA suscite. On ne touche pas impunément à la « sacro-sainte maternité ».

L'anthropologue Delphine Lance, qui a comparé la GPA en Ukraine et aux États-Unis, écrivait pour sa part : « Du corps nourricier au corps incubateur le discours des femmes porteuses américaines et ukrainiennes montre que ces femmes appréhendent leurs corps de différentes manières dans le cadre de la pratique de la GPA. Ce discours expose aussi les rhétoriques utilisées par ces femmes pour faire ou défaire les relations[1]. »

Mais ces femmes ukrainiennes et états-uniennes partagent en revanche des mêmes métaphores pour désigner leur grossesse, ce qui conduit, dit l'anthropologue, à dépasser une analyse purement « nationale » de la GPA. Remarquons qu'en termes de métaphores, les sociétés africaines étudiées par Françoise Héritier sont très inventives pour décrire le travail des mères porteuses : sac, besace, pirogue pour passer d'une rive à l'autre, pot ou marmite où s'opère une cuisson[2].

Le point de vue anthropologique apporte ainsi un regard neuf sur une étape de la maternité qui – je le répète – n'a jamais été interrogée seule : la grossesse.

---

1. Delphine Lance, « Mettre à distance la maternité. La gestation pour autrui en Ukraine et aux États-Unis », art. cit. L'autrice montre aussi dans ce très riche travail que les mères porteuses américaines sont souvent femmes de militaires qui, à l'instar de leurs maris, veulent « sauver » autrui (voir la mère porteuse de Mme Salion, p. 52).
2. *Masculin/Féminin*, *op. cit.*, p. 262. À titre personnel j'apprécie beaucoup la pirogue…

Un constat étonnant au fond ; tout se passe comme si la grossesse étant, en somme, « évidente » il n'était pas besoin de creuser plus avant. Le grand intérêt de la GPA sert ainsi à jeter un nouveau regard sur la maternité habituelle dans le ressenti particulier de la grossesse.

Le regard de la psychanalyse sur la GPA

Avant de rappeler le point de vue analytique sur la GPA, il faut cependant dissiper à ce sujet une lecture biaisée de l'ensemble du processus. L'approche psychanalytique possède, certes, le grand intérêt d'avoir décorrélé le devenir mère d'un scénario totalement dépendant de la grossesse et de l'accouchement. Le corpus métapsychologique fournit ainsi un premier cadre d'analyse pour les données cliniques exposées[1]. On ne peut pas, cependant, ne pas remarquer que ce cadre est parfois « hors sol » ; certains esprits critiques diraient même qu'il s'agit d'un corpus théorique parfois plaqué sur une réalité culturelle foisonnante qui échappe à la lecture psychanalytique.

En fait le malentendu tient peut-être à ce que les différentes lectures convoquées prennent souvent en compte les seuls schémas procréatifs ; alors que la vraie question est

1. Christine Anzieu-Premmereur, « Fondements maternels de la vie psychique », *Revue française de psychanalyse*, 2011, 75, p. 1449 à 1488.

celle de la filiation. La question n'est pas en effet : « Qui est la génitrice ? », car la réponse est que c'est évidemment la personne qui accouche. La vraie question est en réalité de savoir à quelle femme on va attribuer la filiation.

À un moment où les invectives et sombres prophéties sur la gestation pour autrui continuent de fleurir, il n'est pas inintéressant de revenir sur ce que la psychanalyse a dit de la maternité et de la GPA.

La psychanalyse a eu peu à dire en réalité sur la gestation pour autrui avant qu'elle ne soit connue à une certaine échelle, c'est-à-dire à partir de la fécondation *in vitro*, en 1982, quand a été créé au laboratoire un « embryon libre » destiné à être transféré dans l'utérus de la future mère infertile. Mais après quelques années cet embryon a pu être transféré dans l'utérus d'une autre femme ; ainsi est née la GPA… Dans ce cas, rappelons-le, l'embryon est conçu par FIV avec les gamètes des parents d'intention puis transféré dans l'utérus d'une mère porteuse ; rendu enfin par cette dernière après l'accouchement aux parents qui l'ont conçu (ce qui inclut, on l'a vu, la phase de *maternalité* fournie pendant la grossesse par la gestatrice).

Interdite en France dès l'origine, la GPA s'est développée surtout aux États-Unis et dans plusieurs pays européens de culture anglo-saxonne. Rares étaient les analystes français qui, à l'époque, avaient une clinique de la GPA. Le débat, vif depuis l'origine, a été ainsi plus ou moins « rabattu » sur des considérations théoriques sur la maternité, assorties souvent de nombreux jugements et anathèmes. Dans le meilleur des cas, je les ai analysés comme des résistances.

Dès mes premières rencontres avec la GPA, il y a trente ans, je m'étais évidemment interrogée sur la définition et les contours de la maternité à la lumière de ce que nous a appris la métapsychologie.

Qui est la mère dans un cas de GPA ? La loi française, en 1994 (première loi de bioéthique), a reconnu comme mère celle qui accouchait et non celle qui avait fourni le capital génétique ; offrant ainsi un cadre juridique à des cas de PMA tels la FIV avec don d'ovocytes ou à l'accueil d'embryon ; ce qui a permis de masquer éventuellement le recours à un don par les patientes qui le souhaitent. Il faut ici rappeler que le sujet du don de gamètes a toujours été masqué chez nous par une relative omerta ; le don de sperme, d'ovocytes ou d'embryon ne se voit pas, ce qui évidemment n'est pas le cas de la GPA. On peut donc le cacher puisque la loi le permet et, dans la doxa de la loi française, la femme qui accouche est désignée comme la mère quelle que soit la manière dont a été conçu l'embryon. La GPA est ainsi une sorte de mise à nu, de révélateur au grand jour de la procréation médicalement assistée avec don.

Mais il existe une autre lecture de la maternité à laquelle la GPA donne un sens tout à fait novateur. Il consiste à désigner comme mère la mère d'intention, celle qui a désiré l'enfant et qui en sera la mère légale et éducative. La GPA le démontre : dans toutes ces histoires la gestatrice n'est pas la mère.

Ces questions s'étaient déjà posées avec l'adoption, mais ce sujet a été cependant assez peu convoqué au débat sur la GPA. Et il existe au demeurant une différence fondamentale entre une maternité après une GPA et une maternité adoptive, *c'est la temporalité.* L'avantage – si on me permet cette expression un peu triviale – de la maternité suite à une GPA, c'est que la mère d'intention a pu accompagner la grossesse de la mère porteuse d'une part, et que d'autre part elle est physiquement présente – avec le père en général – le jour de l'accouchement pour accueillir le bébé dans ses bras (voire aussi l'allaiter). Le processus de maternalité – le *motherhood* – peut se mettre en place dès l'origine de la vie du bébé. À la différence de l'adoption où il s'écoule plusieurs mois avant que bébé et parents puissent se rencontrer et s'adopter mutuellement. Non que le travail de parentalité ne puisse avoir lieu dans les histoires d'adoption mais il est plus complexe et, surtout, il appartiendra au futur enfant de gérer l'abandon par sa mère de naissance. Alors que dans les histoires de GPA il n'y a pas d'abandon, répétons-le. La gestatrice rend le bébé aux parents qui l'ont conçu, désiré et se sont engagés à l'élever.

Je suis donc revenue aux fondamentaux. Comment comprendre la maternité à la lumière de la métapsychologie ?

La maternalité est une crise d'identité considérée, en termes psychodynamiques, comme un stade maturatif du développement du psychisme. Dans cette optique, c'est donc un postulat de penser que la grossesse et l'accouchement constitueraient l'alpha et l'oméga de la maternité ; la grossesse et l'accouchement sont seulement – quand tout va bien – des moments privilégiés d'élaboration du processus psychique qu'est la maternité. Des moments en principe étayés par la présence du père ou d'une autre mère.

Il est intéressant de se référer ici au rapport que le docteur Christine Anzieu-Premmereur avait consacré à l'analyse du maternel dans « Fondements maternels de la vie psychique[1] ». On remarque que la psychiatre analysant le psychisme de ces mères et leurs vicissitudes, ne fait nulle allusion à l'« immédiat avant » la thérapie ou à la consultation mère-nourrisson ; c'est-à-dire à la grossesse et à l'accouchement de ces mères. Comme si ces circonstances – bonnes ou mauvaises – n'avaient pas d'incidence sur la relation mère-bébé. On sait que la psychanalyse s'intéresse au « plus lointain avant », c'est-à-dire à l'archéologie psychique, ici, de la patiente. Mais c'est comme si les événements factuels ou fantasmatiques de la venue au monde du bébé étaient secondaires. Une de mes patientes a été cependant traumatisée par une césarienne pratiquée en catastrophe (due à un *placenta prævia* non repéré pendant la grossesse) ; ce qui a sérieusement modifié l'investissement de son bébé vécu comme un persécuteur qui avait mis la vie de sa mère en danger.

1. *Ibid.*

La question de l'influence de l'accouchement sur la relation mère-bébé reste donc ouverte en ce qui me concerne.

En tout état de cause cette histoire de maternité partagée, de rêve de femmes qui ont fantasmé autour de ce bébé, amène manifestement à reconsidérer complètement la notion de maternité, à commencer par le terme même de « mère ». Il nous revient à nous, analystes, de tenter d'analyser les fantasmes et projections de la gestatrice qui a porté et nourri un embryon, puis un fœtus pendant neuf mois, en a accouché et a eu avec lui des échanges variés, tant physiologiques que psychologiques qu'il ne faut ni minimiser ni « mythiser ». Je me suis souvenue de ce que disait à propos de ces « linéaments mnésiques de la préhistoire fœtale » le docteur René Diatkine, consulté sur la question des mères porteuses en 1984[1] ; il écrivait « qu'ils doivent être évalués à leur juste place et qu'il serait déraisonnable de donner aux découvertes sur la vie nerveuse fœtale une importance mythique ». Il insistait : « Depuis longtemps, l'attention a été attirée sur le fait que l'appareil auditif du fœtus devait être excité pendant les derniers mois de gestation, par un certain nombre de bruits : voix de la mère, perçue plutôt déformée par des réverbérations et des assourdissements, bruits intestinaux, bruits du cœur. » Réflexion qu'il tempérait par ces propos : « Il n'est pas

1. René Diatkine, « Fécondation *in vitro*, congélation d'embryons et mères de substitution. Le point de vue d'un psychanalyste », *in* Collectif, *Génétique, procréation et droit. Actes du colloque*, Actes Sud, 1985, p. 179-284.

démontré aujourd'hui, malgré des affirmations plus passionnelles que scientifiques, que ces bruits ont une spécificité et qu'il y a une continuité linéaire entre les expériences auditives des premières semaines de vie et les excitations répétées et rythmées de la fin de la gestation. »

Quarante ans après, la recherche sur l'épigénétique s'est développée et a éclairé davantage la nature des échanges mère enceinte-fœtus pendant la grossesse[1]. Il a été montré par exemple que le bébé porte encore plusieurs mois après la naissance trace *des échanges* avec la personne qui l'a porté. D'un point de vue psychologique, il est au demeurant évident qu'une mère gestatrice ne porte pas un bébé comme un sac de sable… Les échanges sont très importants, les histoires cliniques l'ont montré.

Plus récemment le pédopsychiatre spécialiste des PMA, Luc Roegiers, écrit à propos de la GPA : « Depuis les années 1980, les travaux sur la grossesse et sur les compétences fœtales ont montré que le psychisme de l'enfant se construit bien avant sa naissance. Dès le troisième trimestre de la grossesse, le fœtus met en mémoire des éprouvés sensoriels parmi lesquels l'odorat occupe une place prédominante. Après la naissance, le bébé s'orientera préférentiellement vers le tampon imbibé de l'odeur de sa gestatrice *versus* toute autre personne. Il identifiera la voix qui lui a été la plus familière *via* les transmissions

1. L'épigénétique montre l'importance de caractères relatifs à l'hérédité qui ne sont pas portés par les gènes mais par le milieu.

internes du corps de celle qui l'a porté. Et la reconnaissance de sa "mère" sera à la base de la construction de son monde intersubjectif[1]. » Et : « Les travaux de Bowlby sur l'attachement aboutissent aujourd'hui à un consensus pour définir la sécurité émotionnelle comme essentielle dans le développement[2]. Or cette sécurité se fonde entre autres sur l'éprouvé de continuité chez le tout-petit. Son univers étant organisé au départ par ses expériences sensorielles, on peut en déduire, par exemple, que le "peau à peau", la voix maternelle, l'allaitement naturel… sont des apports vécus positivement par le bébé car en connexion avec son vécu prénatal. Sans vouloir mythifier la grossesse, on ne peut occulter ces découvertes et dire qu'il ne se passe rien avant la naissance. Introduire chez le nouveau-né la discontinuité d'une présence maternelle différente de celle qu'il a éprouvée pendant la grossesse n'est ni tragique, ni irrémédiable. Mais ce n'est pas un atout[3]. »

Je ne peux que souscrire à la justesse de ces lignes. À ceci près qu'il « ne se passe pas rien » entre le fœtus et la gestatrice au cours d'une GPA. Le bébé vit ce que je nomme un « transfert d'attachement » entre deux mères. Sur la question du vécu des enfants conçus par GPA, les psychanalystes savent, tant d'après les données de la

1. Trevarthen C., Aitken K., « Intersubjectivité chez le nourrisson : recherche, théorie et application clinique », *Devenir*, 15, 2003.
2. Bowlby J., *A secure base*, New York, Basic Books, 1988.
3. Luc Roegiers, « Gestation pour autrui : essai sur le point de vue de l'enfant », *in* Geneviève Schamps et Jehanne Sosson (dir.), *La Gestation pour autrui : vers un encadrement ?*, Bruylant, 2013, p. 47-79.

psychopathologie périnatale que de celles de l'adoption, qu'un bébé porté par quelqu'un d'autre que sa mère est capable, par déplacement, de faire un transfert sur d'autres adultes, à condition que ceux-ci s'y prêtent de façon adéquate. C'est ce qui se passe dans une gestation pour autrui bien accompagnée ; le fait que les gamètes de la gestatrice ne soient pas à l'origine de la création de l'embryon étant, me semble-t-il, un facteur favorable à ce déplacement d'affects.

En termes d'intérêt de l'enfant, on peut par ailleurs se demander si le fait de naître dans une situation de gestation pour autrui dans laquelle le bébé est relié de manière naturelle à ses parents n'est pas une situation moins « à risque psychique » que celle présente dans certaines formes actuelles de dissociations de la « maternalité, » tels les différents – et parfois « acrobatiques » – exemples de certains protocoles de PMA validés par la loi de bioéthique.

Un bébé conçu par GPA serait-il résilient ? C'est probable ; cela peut même, dans les bons cas, devenir un atout[1]. Nous connaissons bien des bébés conçus classiquement pour lesquels les grossesses ont été calamiteuses et dont le destin s'est avéré être « à risque psychique » faute d'un suivi *ad hoc*. Le fait d'être élevé dans une famille dite classique n'est pas forcément une garantie de bon développement.

---

1. Voir mon texte « La PMA vingt ans après le Rapport demandé par Terra Nova », *op. cit.*

CONCLUSION

LA NOUVELLE MATERNITÉ : UNE RÉVOLUTION ANTHROPOLOGIQUE MAJEURE

Multiple, incertaine, bouleversée, la maternité est désormais déconstruite, en pleine évolution, voire révolution.

Les données de la gestation pour autrui ont montré que la mère d'intention, celle qui désire l'enfant et qui l'élèvera, ne coïncide plus forcément avec celle qui le porte. De ce fait la mère n'est plus *certissima* comme dans l'adage latin *mater certissima*. C'est le père qui est devenu certain, je l'ai souligné plus haut. La gestation pour autrui telle que pratiquée outre-Atlantique et en Belgique a ainsi enfoncé un coin dans la représentation maternelle en déliant grossesse et vécu maternel. Ainsi, sous le prétexte d'un « petit sujet » (la GPA), il s'agit en fait d'un changement majeur qui bouleverse totalement les représentations de ce qui définit aussi bien une mère qu'une famille.

Cette mutation est encore peu visible – elle ne concerne qu'une indication de PMA, celle de la FIV avec don d'ovocytes –, évidemment pas la GPA interdite chez nous en France. Mais remarquons que la déconstruction de la maternité a commencé par la première FIV en France, en 1982[1] ; à la différence près que cela ne se voyait pas, d'où un déni puis, progressivement, une dénégation de la participation de la « mère génétique » (illustrés par l'expression *ni vu ni connu*).

Pour asseoir ce changement de paradigme, il fallait donc s'appuyer sur un corpus incontestable de données d'outre-Atlantique (rappelons que la GPA est autorisée avec des modalités différentes dans tous les États américains à l'exception de la Louisiane) ; et de Belgique où la GPA est autorisée. Ce que j'ai proposé.

Je tiens à attirer l'attention du lecteur sur une coïncidence qui me semble tout sauf fortuite : ce changement s'est manifesté presque simultanément sur les deux rives de l'Atlantique, et ce à partir des années 2000. Sous une autre forme en France que celle portée par la GPA aux États-Unis certes, mais de manière tout aussi radicale.

Certaines mères européennes, françaises en particulier, dessinent avec fermeté et détermination les contours d'une nouvelle maternité. Symptôme du même phénomène qu'aux États-Unis, pourrait-on dire. Les contours de la maternité sont en tout cas en pleine métamorphose.

Qu'en est-il ? Nombre de femmes françaises de la tranche d'âge 30-40 ans – des pionnières comme leurs

1. En Grande-Bretagne, la première FIV a eu lieu en 1978.

sœurs d'outre-Atlantique – font quelque peu bouger les lignes relatives à la maternité. On voit notamment apparaître dans leurs comportements, comme à la loupe, de nouvelles normes conjugales et parentales ; et les grossesses ne se coulent plus automatiquement dans le moule des années 2000. On semble assister aux prémices d'une redéfinition de la maternité, le courant féministe étant clairement passé par là. Mais cela n'a pas rendu pour autant les choses si simples : la nouvelle famille est en plein chantier avec des diktats pas si faciles à suivre et souvent paradoxaux. Il y aurait de quoi reprendre ma plume pour analyser ce nouvel art d'accommoder les bébés avec ses innombrables injonctions plus ou moins contradictoires.

« La mère se pluralise », écrivaient le psychiatre François Ansermet et la généticienne Ariane Giacobino[1] qui détaillaient les nouveaux cas de figure de maternité post-PMA : mères ovocytaire, gestante, utérine, mithochondriale et allaitante qui peuvent, toutes, être séparées ; les temporalités pouvant également se scinder permettant ainsi un possible décalage de générations (la congélation des gamètes et des embryons peut même aboutir à une parentalité posthume).

Mais la PMA n'est pas la seule en cause dans ce changement de paradigme : c'est la société tout entière qui a évolué sur ce point. Être mère suit une trajectoire qui

1. François Ansermet et Ariane Giacobino, « Mères : certaines, incertaines ou multiples ? », *Revue Critique*, août-septembre 2023, n° 915-916 : *Papas, mamans*.

devient de plus en plus compliquée. Est-ce la raison du lent déclin de la maternité en France ?

Anatomie d'une chute

Le 16 janvier 2025, l'Insee publiait le bilan démographique de la France pour 2023 en titrant sur la « chute » de la fécondité. Le même jour, le président Emmanuel Macron appelait à un « réarmement démographique » de la France lors de sa conférence de presse. L'indicateur conjoncturel de fécondité a en effet connu une baisse de 6,8 % en un an, ce qui est inédit en France. Il atteint 1,68 enfant par femme en France entière et probablement 1,65 en France métropolitaine, soit le plus bas historique depuis la fin de la Première Guerre mondiale[1].

Je ne suis ni démographe ni spécialiste du futur. Mon but est ici de tenter de comprendre ce qui se passe dans ce nouvel investissement – désinvestissement ou nouvel investissement ? – de l'expérience maternelle. Plusieurs facteurs ont contribué à cette chute de la natalité dont certains interrogent directement le sujet de la nouvelle maternité. En fin d'ouvrage, je ne prétends pas à une étude exhaustive de ce phénomène qui est certainement surdéterminé. Le livre collectif dirigé par Micheline Misrahi-Abadou et

1. Voir l'article du démographe David Breton, « Fécondité française, anatomie d'une chute », *The Conversation,* 14 février 2024.

Boris Cyrulnik, *Nouvelles fertilités, nouvelles familles, nouvelle humanité*, apporte des clés importantes à la compréhension de ce phénomène et je le citerai donc à nouveau dans les lignes suivantes[1].

Le journal *Le Monde*[2] se posait en 2024 la question : « Pourquoi vouloir un enfant à tout prix[3] ? » et un peu plus tard : « Pourquoi vouloir des enfants ? ». Ces articles montrent en tout cas qu'il y a désormais un refus de l'enfant à tout prix arraché au prix d'une folle technicité.

Boris Cyrulnik souligne que le corps même des femmes a changé : il existe 17 % d'infertilité en Occident ; et l'endométriose touche 10 % de femmes en âge de procréer. Il existe par ailleurs 40 % d'échecs de la PMA qui sont suivis d'issues variables comme l'a montré Élise de La Rochebrochard de l'INED : le parcours des couples après l'arrêt de l'AMP se répartit entre adoption, conceptions spontanées et deuil d'enfant au terme de nouveaux investissements de vie[4].

---

1. Micheline Misrahi-Abadou et Boris Cyrulnik, *Nouvelles fertilités, nouvelles familles, nouvelle humanité*, *op. cit.*
2. Béatrice Madeline, « Pourquoi les Françaises font moins d'enfants : angoisse climatique, logement, pouvoir d'achat », *Le Monde*, 13 septembre 2024 et Alice Rambaud, « Avant 30 ans, ces jeunes qui savent déjà ne pas vouloir d'enfant. Ce non-désir est viscéral, comme peut l'être l'envie de devenir parent », *Le Monde*, 9 janvier 2024.
3. J'avais lancé en 1984 l'expression *Un enfant à tout prix*, titre d'un de mes premiers livres sur le sujet ; je ne le réécrirais pas de la même façon aujourd'hui…
4. Élise de La Rochebrochard, « Une assistance médicale à la procréation toute-puissante ? L'imaginaire face aux statistiques », *in* Doris Bonnet, Fabrice Cohen, Virginie Rozée (dir.), *Procréation et imaginaires collectifs. Fictions, mythes et représentations de la PMA*, Éditions de l'INED, 2022, chapitre 12.

L'entente des couples fonctionne également différemment : le risque d'aimer se double de la crainte d'être asservi à l'autre. Les couples sont souvent en CDD selon l'expression contemporaine. La liberté est en effet devenue une valeur prioritaire. Quant à la libération des femmes, « elle a effiloché le lien d'attachement », écrit Boris Cyrulnik.

L'historienne Michelle Perrot a, pour sa part, montré que l'enfant désiré imposait nécessairement ses contraintes et sa loi : « Il risque de devenir tyrannique du fait de la puissance même du désir[1]. » Et la maternité limite évidemment la liberté familiale et sexuelle.

Pour la sociologue Sylvie Cadolle, certaines mères s'investissent totalement dans l'enfant rare et précieux qui est devenu l'œuvre de leur vie. Mais il y a un prix à payer : nombre de couples se séparent et 28 % des enfants (40 % chez les 15-17 ans) ne vivent pas avec leurs deux parents[2]. Et le partage des tâches se négocie dans les couples, ce qui ne va pas sans générer nombre de tensions.

J'ai pour ma part, avec d'autres, constaté et analysé un chiffre pour le moins étonnant : plus de la moitié (53 %) des demandes d'AMP sont celles de femmes seules qui veulent faire famille. Vingt ans auparavant, c'était non seulement marginal mais de l'ordre du non-dit ;

1. Michelle Perrot, « De l'enfant subi à l'enfant désiré », *in* Micheline Misrahi-Abadou et Boris Cyrulnik (dir.), *Nouvelles fertilités, nouvelles familles, nouvelle humanité*, *op. cit.*, p. 57-68, p. 68.
2. Sylvie Cadolle, « Choisir d'être mère quand on n'est pas en couple », *in* Micheline Misrahi-Abadou et Boris Cyrulnik (dir.), *Nouvelles fertilités, nouvelles familles, nouvelle humanité*, *op. cit.*, p. 147-160.

les parents d'une patiente pensaient que le bébé de leur fille avait été conçu avec un de ses « ex[1] ». Certaines se plaignent de ne pas rencontrer d'« hommes suffisamment déconstruits » ! On remarque également que la fameuse horloge biologique est une source de stress pour les mères potentielles engagées malgré elles dans un parcours de procrastination maternelle.

On pourrait allonger la liste de ces maternités compliquées : en atteste le chiffre en augmentation des diagnostics anténataux destinés à vérifier la bonne conformation du bébé ; le diagnostic prénatal monte en flèche avec son cortège d'angoisses et de questionnements. Le choix de la « meilleure vie » pour son enfant est une question clé dont il est difficile de cerner les limites[2].

Bien difficile est aussi pour les futures mères le choix cornélien de la congélation de leurs ovocytes largement proposé par la société et par la loi : *to freeze or not to freeze ?* Est-ce une bonne idée ou une fausse bonne idée[3] ? J'avais pour ma part relevé l'injonction ambivalente de parier sur un avenir de maternité pas certain (on n'est pas sûr que la FIV marchera à plus de 40 ans, même avec des ovocytes

---

1. Voir mon chapitre « La PMA vingt ans après le Rapport demandé par Terra Nova », *in* Micheline Misrahi-Abadou et Boris Cyrulnik (dir.), *Nouvelles fertilités, nouvelles familles, nouvelle humanité, op. cit.*, p. 127-136.
2. Voir Jean-Hughes Déchaux, « Nouvelle reproduction, nouvelle parenté ? », *in* Micheline Misrahi-Abadou et Boris Cyrulnik (dir.), *Nouvelles fertilités, nouvelles familles, nouvelle humanité, op. cit.*, p. 207-224.
3. Laurence Brunet et Véronique Fournier (dir.), *L'Autoconservation ovocytaire pour raison d'âge : y a-t-il des raisons éthiques pour l'interdire ?*, Centre d'éthique clinique de l'APHP, 2017.

jeunes) mais qui « colle » avec les exigences professionnelles (pas de congé de maternité dans l'immédiat)[1].

Last but not least : les chiffres de burn-out postnataux sont importants[2]. Rappelons un fait scientifique bien connu des spécialistes de maternologie : 15 % des mères qui accouchent dans les pays occidentaux dans de bonnes conditions font cependant des dépressions postnatales, pathologies sévères différentes du post-partum blues qui est, lui, un trouble passager. Un chiffre impressionnant au regard des conséquences à long terme sur le devenir de l'enfant. Sans compter le climat de guerre – et la guerre elle-même ! – source d'un stress qui insécurise les enfants, signale Boris Cyrulnik.

Il faut ici mentionner le succès international du livre de la sociologue israélienne Orna Donath, *Le Regret d'être mère*[3] : le propos est d'autant plus frappant que ces récits concernent des femmes qui ont eu des enfants volontairement et qui les aiment ; mais qui considèrent cependant que le prix à payer a été trop lourd. Cet ouvrage témoigne, par défaut pourrait-on dire, de l'émergence d'une nouvelle maternité où les femmes seraient moins assujetties au « devoir d'enfant ».

Et pourtant… les femmes veulent encore faire des enfants avec « un peu de leur corps[4] ». Remarquons également que

1. Voir *ibid.* mon texte : « L'autoconservation des ovocytes est-elle une bonne idée sur le plan psychanalytique ? », p. 45-48.
2. Mais aucune en GPA.
3. Publié en 2016 et traduit en français aux éditions Odile Jacob en 2019.
4. « Les parties du corps de la mère – l'ovocyte et l'utérus – sont des métonymies d'elle-même », écrivait Anne Cadoret dans la postface à la seconde édition de *Des parents comme les autres*, *op. cit.*

nombre de ces nouvelles mères, des pionnières (ces fameuses trentenaires) ont parfois tendance à se séparer de la norme dominante et de genre, et de parentalité, et de *timing*. Elles choisissent parfois « l'enfant d'abord, et le couple on verra plus tard ». Ces femmes sont en outre de moins en moins hétéronormées (la proportion de jeunes femmes ne se définissant pas comme hétérosexuelles a été multipliée par cinq entre 2015 et 2023[1]). Ces trentenaires sortent passablement du moule classique « couple hétéro suivi de la naissance d'un enfant ». Être mère s'avère pour elles le fruit d'une histoire différente de celle qui date de quelques décennies, nettement plus complexe dirait-on. Complexité qui n'est pas sans rappeler celle des parcours des personnes qui sont engagées dans une GPA.

Le projet d'enfant contemporain se trouve également souvent désinséré du cadre patriarcal du couple hétérosexuel. Depuis la révision de la loi de bioéthique en 2021 on trouve, on l'a vu, trois fois plus qu'escompté de nombre de couples lesbiens et de mamans solos. C'est tout le modèle dit « euro-américain » de la parenté, le nôtre, qui s'estompe. Rappelons-le : il est composé de plusieurs principes : deux parents – présumés géniteurs – de sexe différent, assorti du principe de l'exclusivité de la filiation (rien que deux parents)[2].

1. Voir les travaux de la sociologue Marie Bergström, sociologue à l'INED, dans « Près d'une jeune femme sur cinq ne se définit pas comme hétérosexuelle en France », *Le Monde*, 16 mai 2025.
2. Voir Anne Cadoret « La parenté aujourd'hui : agencement de la filiation et de l'alliance », *Sociétés contemporaines*, 2000, 38, p. 5-19 ; et Geneviève Delaisi de Parseval,

Des deux côtés de l'Atlantique les lignes de la maternité bougent : en ce sens l'essor de la GPA et « l'anatomie d'une chute » se font écho l'une à l'autre ; c'est une histoire analogue qui se joue. La GPA – outre son intérêt propre – s'avère ainsi être un indicateur précieux qui montre que la maternité évolue sur plusieurs fronts et sous différentes formes.

Risquons une image : tout se passe comme si les plaques tectoniques de la maternité *s'interpénétraient,* glissaient les unes sur les autres, entraînant volcans ou tsunamis selon la géographie (tant au sens propre que métaphorique).

Existe-t-il maintenant un « trop-plein de maternité » ? Nombre de femmes semblent de fait souffrir aujourd'hui de ce « trop-plein » au point que cela décourage certaines de procréer tandis que d'autres s'en sortent « moyennement » tant sur le plan physique que psychique. Les femmes actuelles assument ou doivent assumer tous les aspects de la maternité biologique en y ajoutant ceux de la maternité sociale, sans compter les divers diktats pour une maternité suffisamment bonne…

Il est manifeste que la maternité ne s'accommode plus comme il y a quelques décennies. La clinique de la GPA est emblématique de ce phénomène. Celle des « nouvelles mères » l'est aussi. Les femmes sont loin désormais de subir passivement leur destin biologique, comme le stigmatisait Simone de Beauvoir.

Chantal Collard, « La gestation pour autrui. Un bricolage des représentations de la paternité et de la maternité euro-américaines », art. cit.

En terminant chacun de mes livres, j'ouvre en général, presque au hasard, un livre de Simone de Beauvoir pour imaginer de ce qu'elle penserait de mon sujet. Aujourd'hui je suis tombée sur le premier tome du *Deuxième Sexe* et je me demande quelle serait son analyse de la maternité à l'heure actuelle, elle qui écrivait alors : « Engendrer, allaiter ne sont pas des activités, ce sont des fonctions naturelles ; aucun projet n'y est engagé ; c'est pourquoi la femme n'y trouve pas le motif d'une affirmation hautaine de son existence ; elle subit passivement son destin biologique[1]. »

Quatre-vingts ans plus tard, la gestation pour autrui a renouvelé complètement l'assertion beauvoirienne ; il en va de même pour les maternités contemporaines. Mais je pense que le regard de Simone de Beauvoir aurait été précieux pour analyser la trajectoire de vie des mères porteuses ; car engendrer, pour ces personnes on l'a vu, est un projet qui a transformé totalement leur destin biologique : de passif, il est devenu actif[2]. Elles ont modifié fondamentalement le fait d'être enceinte – en décidant du choix délibéré d'une grossesse ; et pas n'importe laquelle : d'une grossesse pour autrui. Ce faisant – à leur insu peut-être[3] – elles ont renouvelé la problématique du « droit à

1. Simone de Beauvoir, *Le Deuxième Sexe*, Gallimard, « Collection blanche », 1949, p. 361 et p. 364.
2. Ce souhait a peut-être déjà été entendu par des héritières de la pensée beauvoirienne.
3. Rien n'est moins sûr au demeurant. Il y a eu à Toronto en 2019 un rassemblement de 1 000 mères porteuses. Ces personnes semblent avoir eu conscience de leur statut pionnier et peut-être de la dimension politique de leur geste.

disposer de son corps » qui, avant elles, s'était focalisée principalement sur le droit de ne pas garder une grossesse non désirée[1]. Quant aux mères modernes, on voit qu'elles ont laissé loin derrière elles leur destin biologique !

« Puisque nous ne pouvons faire plus d'enfants, tâchons de mieux les faire », telle était la conclusion à l'époque de *L'Art d'accommoder les bébés*[2]. Même message aujourd'hui. Tout aussi empreint d'idéologie.

1. Maintenant, c'est le mouvement #Metoo qui a pris le relais, en France en tout cas.
2. Postface à l'édition de 1998 aux éditions Odile Jacob.

REMERCIEMENTS

À Odile Jacob qui a cru à ce livre ;

À Caroline Rolland, éditrice hors pair ;

À Ellen Schenkel qui m'a permis l'accès à des mères porteuses américaines ;

À Luc Roegiers pour son aide ponctuelle et précieuse ;

À Anne Cadoret et Chantal Collard qui m'ont accompagnée tout du long de l'élaboration de ce livre ;

À Mònica Bourlet qui m'a permis de citer deux cas de sa thèse ;

À Despina Naziri pour son soutien sans faille ;

À Serge Tisseron pour sa lecture amicale ;

À Valérie Depadt pour son accompagnement bienveillant ;

À Silvia et Dominique Mennesson pour leurs remarques pertinentes ;

À Bertrand Delaisi qui a veillé à la santé de sa tante-marraine ;

À Jacques André qui a bien voulu préfacer cet ouvrage ;

À mes enfants toujours présents.

TABLE

Préface 11
Prologue 19
Introduction 23
La GPA éclaire la maternité habituelle 31
Les différents types de GPA 34
Les indications médicales de la GPA 35
Un rapide état des lieux de la GPA dans le monde 38
Un corps pour deux 48

CHAPITRE 1. La GPA dans tous ses états 51
L'histoire de la famille Salion 52
L'histoire de Jane, deux fois mère gestationnelle 56
L'histoire du couple Vanier 61
L'histoire du couple Mennesson 66
Dix regards sur des mères porteuses américaines et une anglaise 74
Shannon, Américaine de Californie (78) – Karen, Américaine du Connecticut (80) – Monica, Américaine de Californie (81) – Danielle, Américaine de Floride (82) – Jenny, Américaine du Connecticut (82) – Corinne, Américaine du Texas (83) – Emma, Américaine du Connecticut (85) – Amanda, Américaine de Californie (87) – Jo, Anglaise (88) – Lis, Américain de Californie (90)
Que nous racontent ces témoignages ? 92

L'histoire de José et de ses enfants 96
Une histoire de GPA relationnelle ou « un corps pour deux ».... 103
Ce que nous dit cette histoire de GPA relationnelle 117
Emma, « le plus bel accouchement »
et son plus bel accouchement 119
Benoît ou « une mère porteuse en quête d'ascension sociale ».... 136
Une fille donne un ovocyte à sa mère
dans le cadre d'une GPA 140
Giovanni : une femme devient mère grâce à une amie 141

CHAPITRE 2. Analyse des résistances : la GPA et l'argent...... 143

Du don et du contre-don 148
Le rôle des agences aux États-Unis 150
Gaelle, responsable d'une agence en Californie (151) – Une autre agence : la clinique CACRM à San Diego, Californie (152)

CHAPITRE 3. Pour une autre histoire de la maternité 155

Le regard de la psychanalyse sur la GPA 161

CONCLUSION. La nouvelle maternité : une révolution anthropologique majeure 171

Anatomie d'une chute.. 174

Remerciements 183

DU MÊME AUTEUR
CHEZ ODILE JACOB

L'Art d'accommoder la vieillesse, 2022.
Voyage au pays des infertiles. 9 mois dans la vie d'une psy, 2014.
Roman familial d'Isadora D., 2002, prix Nicolas Abraham et Maria Torok 2004.
La Part de la mère, 1997.
Enfant de personne, avec Pierre Verdier, 1994.
L'Art d'accommoder les bébés, avec Suzanne Lallemand, 1980.

Chez un autre éditeur (Seuil)

La Part du père, 1981, 2017.
La Famille expliquée à mes petits-enfants, 2016.
Famille à tout prix, 2009.
L'Enfant à tout prix, avec Alain Janaud, 1983.

Cet ouvrage a été composé
en Adobe Garamond Pro
par Nord Compo
à Villeneuve-d'Ascq (Nord).

N° d'édition : 4150-1350-X – N° d'impression : 102582605
Dépôt légal : octobre 2025

Imprimé en France par Présence Graphique

Inscrivez-vous à notre newsletter !

Vous serez ainsi régulièrement informé(e)
de nos nouvelles parutions et de nos actualités :

https://www.odilejacob.fr/newsletter